DXMO

Digital Transformation Management Office

デジタル化を推進する専門組織

KPMGコンサルティング
編著：福島 豊亮 + 塩野 拓

朝日新聞出版

第1章 ＤＸ時代の障壁と突破口

第2章 全社DX推進の実践的なアプローチ

第3章 全社DXの価値実現に必要なイニシアチブ

第4章 全社DX推進をより確実にする一手

第5章 DXMO設立手法と未来へ向けた羅針盤

はじめに

全社DX推進に挑戦する日本企業に向けて

DX（デジタルトランスフォーメーション）を通じて、希望を取り戻そう。

疫病、紛争や戦争、天災、気候変動。この十数年のうちに起こった世界の変化は、この地上に生活するすべての人類、および多くのビジネスに影響を及ぼし、一方でテクノロジーはさらなる進化をとげた。新型コロナウイルス感染症（COVID-19）の急激な感染拡大により人々は接触を避けた形での社会生活やそれに基づく経済活動を余儀なくされ、観光業や飲食業、交通・運輸をはじめとして多くの業態が深刻なインパクトを受け続けている。ビジネスシーンにおいても企業はいやおうなしにリモートワークを強いられ、顧客との対話も、社内のコミュニケーションも、取引先との交渉も、多くの場面にチャレンジが残っている。そんな今だからこそ、振り返って考えてみたい。

たとえば、こうした状況を2010年の私たちは予測し、対応し得ただろうか。いずれも難しかったのではないか。一般的には天災や疫病の予兆は読めるものではなかったし、戦争や紛争もそうだ。気候変動に関してはもちろん1997年の京都議定書の調印以来の流れの中にはいたが、現今のSDGs（持続可能な開発目標）やESG（環境・社会・ガバナンス）といったムーブメントはかなり時をおいたものだ。

また、こうした状況への対応として、我々を含む我が国の産業は即時一度きりの対応で課題をクリアできるものだろうか。疫病については何度となく繰り返される波に対応を求められ、情勢の変化に伴って企業は行動の変容を余儀なくされている。災害へ立ち向かう際には即時的対応から復興、恒久的な発展へと希望を繋ぐために何度となく打ち手の変更を求められる。戦争や紛争といった国際情勢の激動への対応については言うまでもなく、情勢への注視、あふれる情報の整理、これに基づいた戦略・戦術の見直し、企業としてのスタンス、向き合い方の決断に企業の経済活動の死活がかかってくる。

2001年に提唱され、現今では当たり前のように語られているアジャイル開発（アジャイルソフトウェア開発）の根本的な思想はこの状況への一つの解たり得ると考えられる。新しい手法、ビジネスを切り開くための計画にあたっては「予測」よりも「適応」を重視し、また個別の活動を実施するにあたっては「逐次」ではなく「反復」を旨とすることで激しい変化へ柔軟に対応する。先述したようなさまざまな環境・状況の変化は次々に企業のあらゆるステークホルダーに襲い掛かってくる。顧客に、従業員に、株主に、取引先に、そして経営者に。単純化すると、企業が持てるリソースをどの領域の「予測」と「適応」にそれぞれどのくらい振り分けるのか。具体的にどのくらい「逐次的に」行動することが許され、どのくらいの行動を「反復」して乗り越えるべきなのか、というポートフォリオマネジメントこそ、この変化の激しい時代における企業活動の存続を懸けた最上位概念なのではなかろうか。

今回本書のタイトルとしている「DXMO（Digital Transformation Management Office）」は、DX（デジタルトランスフォーメーション）を実現するための最適の手法を皆様にお届けするものだが、KPMGコンサルティングが考えるDXには前述の概念がどうしても欠かせない。

我が国の企業の多くは従来、負い持つビジネスの戦略を遂行するために磨きぬいた業務プロセスを設計し、実行してきた。さらに深掘りに深掘りを加えてこのプロセスに繰り返し改善を加えることで最適、最速のビジネスモデルを武器として諸外国と戦ってきた。高度経済成長期からの系譜の中でITの果たした役割は大きい。ERP（統合基幹業務システム）という武器を得た企業は標準化された業務を効率化、省力化し、さらにビジネスのスループットを上げてきた。その結果、30年以上にわたる平成の時代を終えた現在はどういうわけか米国や中国に後れをとりはじめている。

要因はさまざまだが、その一つはこうした一見生真面目な業務への「深化」と、同様のスタイルによるＩＴ技術の適用である。改善による業績向上、改善の手法は深掘りによる無理無駄の排除。長い時間を経て狙いすました標準に磨きをかけ、そこをめがけて巨額のＩＴ投資を傾けて業務システムを一新。こうしたビジネスサイクルが長すぎたし、固定的でありすぎた。

先進的な企業において、過去に導入したＩＴシステムは導入直後から「Technical Debt（技術的負債）」という性格を付与している。せっかく導入したＩＴシステム、しかも多額の投資をしたものをいきなり「負債」と呼ぶのは大変抵抗感がある。そこをぐっと抑えて内容に目を向けると「ＩＴシステムは日進月歩であり、現時点における最新のＩＴシステム製品の最適の組み合わせと比較したときの（導入したばかりかもしれない）自社のＩＴシステムのコスト・効果の差」となる。現場でもっと使いやすいシステムやツールはないか常に市場に目を光らせ、その組み合わせを編み出し、それと自分の持ち物を比較して検討するという絶え間ない「探索」

である。いわば、「深化」と「探索」（『両利きの経営』チャールズ・A・オライリーほか著、東洋経済新報社刊より）に割くリソースを上手に配分している。

一方、我が国の一般的な企業における普通のIT部門は前述したような長大な計画・投資に基づいた高精度なシステムの導入・保守に特化している。また、システム導入プロジェクトはしばしば「現場を巻き込め」というスローガンを立てはするが、実際のところ導入活動が始まると「チームジョブ」となる。すなわち、IT導入はIT部門のもの。IT部門が主導していて現場はヒアリングに応じて要件を出し、テストに参加して注文をつけるというスタンスで進められる。これを繰り返してその構造を固めに固めた組織に「Technical Debt」の監視とシステムの見直しができようか。

「DX」と従来の「IT」の違いとは。よく聞かれる問いである。本書ではこのようにとらえている。（図表1－0－1）。

従来型のIT化（デジタライゼーション）はバリューチェーン上に内在する業務を部分的にデジタルソリューションに置き換える〝単純置き換え〟活動という性格が強い。場合により一部業務を見直したうえでデジタルソリューションを適用することもあるが、一連の業務プロセスにおいては、「人」→「デジタル」→「人」→「人」→「デジタル」……というように点と点のデジタル化といった対症療法にとどまる、部分最適化された結果をもたらすアプローチにすぎない。懸命に業務に邁進し、その結果前述の歴史をたどった企業はこの段階に深化し、とどまってしまいやすい性格を持っている。

一方でDXは、

- デジタルテクノロジーを使用し経営ならびに組織、事業の在り方全体（バリューチェーン／マネタイズポイント）を変革する活動
- 予測的カスタマージャーニーをベースに顧客接点とサービスをアップデートする

図1-0-1 IT化（デジタライゼーション）とDXの違い

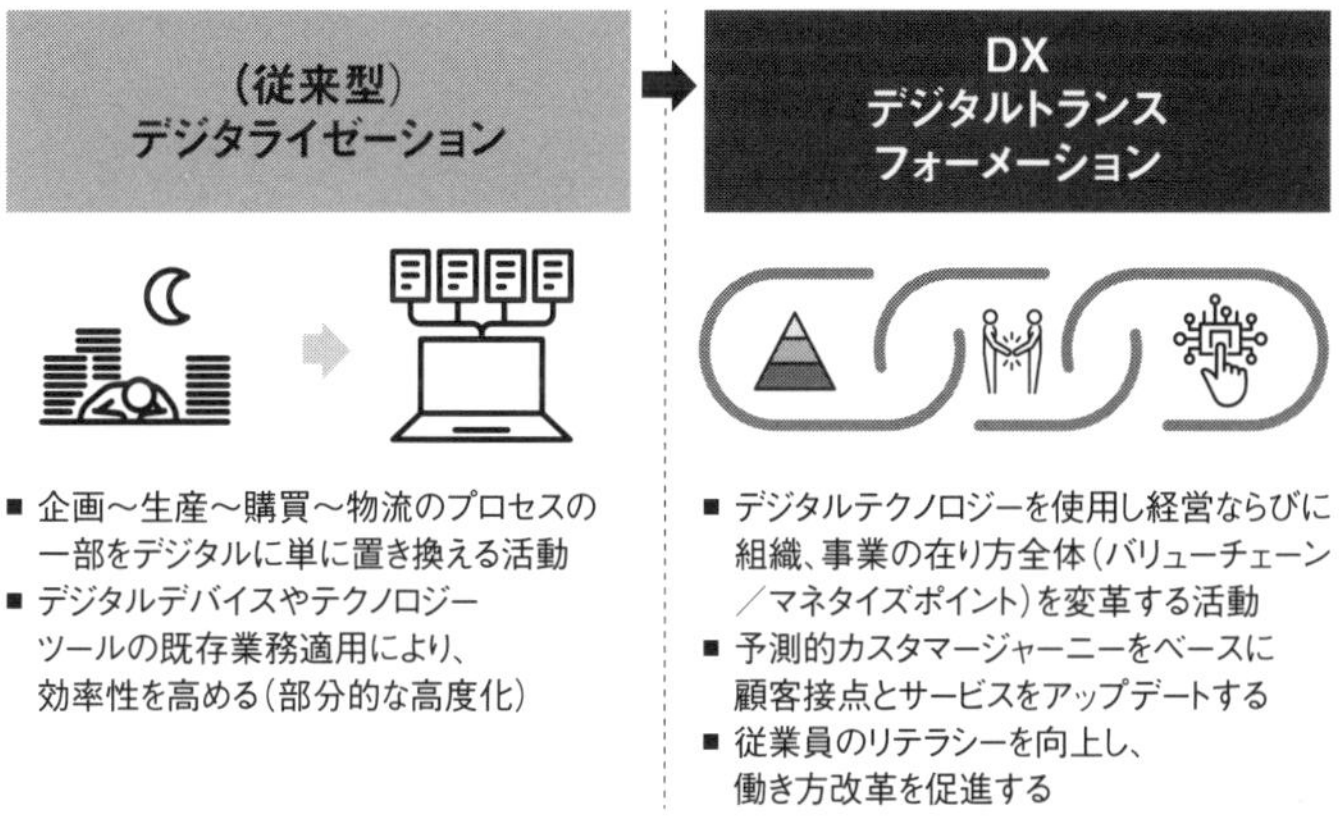

（従来型）
デジタライゼーション
DX
デジタルトランスフォーメーション
■ 企画～生産～購買～物流のプロセスの一部をデジタルに単に置き換える活動
■ デジタルデバイスやテクノロジーツールの既存業務適用により、効率性を高める（部分的な高度化）
■ デジタルテクノロジーを使用し経営ならびに組織、事業の在り方全体（バリューチェーン／マネタイズポイント）を変革する活動
■ 予測的カスタマージャーニーをベースに顧客接点とサービスをアップデートする
■ 従業員のリテラシーを向上し、働き方改革を促進する

●従業員のリテラシーを向上し、働き方改革を促進する

といったように、経営・事業・顧客接点・従業員など、企業を構成するあらゆる要素の位置づけを全体的に「変革」「アップデート」「再定義」することを起点として実行していく行為であり、線や面への昇華を意識したアプローチである。

「事業全体を変革」「サービスのアップデート」「働き方を改革」。いずれも2022年の現在では「チームジョブ」では為し難い。事業環境はリアルタイムに変化し、顧客接点は多種多様で「現場」という言葉すらひとくくりには語れない。働き方も従業員それぞれで、しかもその種類は対面・リモートの区分けを超えて増え続けている。つまり、委員会やタスクフォース、プロジェクトチームを組成して役員がその報告を待っているようなモデルではDXの本質にあたる改革は成立しようがないのだ。DXが成立しないとどうなるのか。令和時代は平成の繰り返しになり、我が国の産業界のダウンスロープが永続し、「衰退途上国」から「衰退国」へと歩を進める悪夢を招きかねない。

300を超える企業・法人からDXに関する多種多様な相談をいただいて、助言・提言してきた経験を持つ我々KPMGコンサルティングはこう考える。DXのメカニズムをひもと

き、真の意味で成功へ向けた道筋を明らかにし、未来に希望を見出すためには、改革の原動力が「全社」にあることを認めなければならない。人任せにするスタンスを捨てなければならない。改革は、生き残りは、「我がこと」であると強く信じなければならない。経営者も社員も、企業の持てるリソースのすべてがＤＸを実現するための原動力であるべきである。事業の変革にあたっては日々の変化に基づいた即時の経営判断を。顧客接点の変化に対しては各営業チャネルの現場からの最適アイデアの仮説検証を。多様な働き方はそれぞれ即時取り入れて実験を。希望につながる原動力は必ず企業の中、もしくは周辺にある。なぜなら我々は皆、磨いてきたのだから――自らの業務そのものを、営業手法を、経営そのものを、研ぎ澄ましてきた組織の経験知が原動力にならない道理などありはしない。

これらの希望の原動力を整理して前に進めるためには組織として対応する必要がある。どのように改革の種を見出すのか。企業のリソースの優先順位をどのようにつけるのか。Technical Debtへの対応は。どのくらいのスパンで計画するのか。対応的・反復的な活動にどのくらい時間を許せるのか。予算は。効果を見込む時期は。

組織を構成する人の面も無視できない。近い将来、顧客も従業員も、デジタルネイティブな価値観を持つZ世代（1990年代後半以降に生まれた世代層。デジタルネイティブ世代とも呼ばれる）が主要なプレーヤーとなっていく。顧客接点も社内業務もこれに応じた最適化を求められるし、それがチャンスとなって新たな事業形態を生むかもしれない。デジタルに対応するリテラシーは現今のものとはおおいに変化するのは明らかで、これを前提としてさらに加速する変化も想定しておくべきだ。

DXは「組織論」として取り扱うべきである。そこで本書では、「DXMO（Digital Transformation Management Office）といったDX専門組織を設立」「適切に全社の原動力を導く」「全社リソースの価値を最大限発揮する」ことをコンセプトとしている。「チームジョブ」では断じてない。いわば「エンタープライズジョブ」なのである。

本書では、これから全社DXを推進されようと決意された経営層（CxO）や、そのような指示を命じられたが、何をどうすればよいのか日夜奮闘努力されている上級・中間管理職層、また、全社DXを進めているものの、期待した効果を得られておらず、活動が鈍化してしまっているすべての企業に向けて、さまざまな論点で、次のように順を追って解説していく。

各章での主要な論点

- 第1章：日本企業においてＤＸが成功に至らない理由と、解決方針
- 第2章：全社ＤＸ推進の実践的なアプローチと戦略・組織・人材の設計推進手法
- 第3章：事例ベースで先進的かつリアルな全社ＤＸ推進課題と解決の方向性
- 第4章：全社ＤＸ推進に向けた現在位置把握の進め方と、客観的な評価獲得（ＤＸ認定）方針
- 第5章：具体的かつ詳細なＤＸ専門組織設立の進め方と、その先を見据えたロードマップ立案方針

ＫＰＭＧコンサルティングはビジネストランスフォーメーション（事業変革）、テクノロジートランスフォーメーション、リスク＆コンプライアンスの3分野を主軸にさまざまな業界の企業・法人を数多く支援してきている。とりわけＤＸ領域に関しては精力的に支援活動を進めており、これまで300社以上の企業と議論を重ねてきた。本書はこうした最新の議論や全社ＤＸ推進支援プロジェクト（デジタル戦略・組織・人材設計と実行）など当領域のコンサルティング経験が豊富で、まさにＤＸの現場で多くの企業と苦楽を共にした執筆陣でお届けする。

本書は通り一遍に「ふぅん、こんなものか」と眺めるにはもしかしたらあまり好適ではないかもしれない。むしろ、ＤＸ推進に日々果敢に挑まれている中で、もし立ち止まることや振り返る機会があれば、その時こそ、より強固で、無駄なく、効果の享受が加速される実践的なヒント、あるいは指針そのものとして本書を活用していただきたい。

本書がわずかなりとも皆様のＤＸ推進の一助となり、希望の道標となれば幸いである。

２０２２年5月　ＫＰＭＧコンサルティング執筆者一同

第 1 章

DX時代の障壁と突破口

昨今、ほとんどの日本企業が日々挑戦している全社 DX であるが、成功しているとはっきり言いきれる企業は少ないだろう。本章では全社 DX の鈍化に起因する障壁と、それを打破する突破口、また推進方針について、提言する。

1-1 DX専門組織が必要とされる背景と全体像

[1] 新たなデジタル時代を生き抜くために、企業が解決すべき課題

❶いつまでも日本企業がＤＸの成功にたどり着けない理由

多くの企業は、中期経営計画において3～5年の中・長期的な理念、ビジョンや経営戦略・マテリアリティなどを株主やマーケット、従業員に示している。当然、経営やビジネス視点での方向性は具体的に示されている。昨今ではこの中に、デジタルに係る方針も含まれてきている企業も見受けられつつあるのだが、ほとんどの場合、「全社ＤＸの推進強化」や「データドリブン経営を進める」といったキーワードレベルで触れられているのみで、経営戦略に整合した、

図1-1-1 日本企業でDX成功を阻む3つの課題

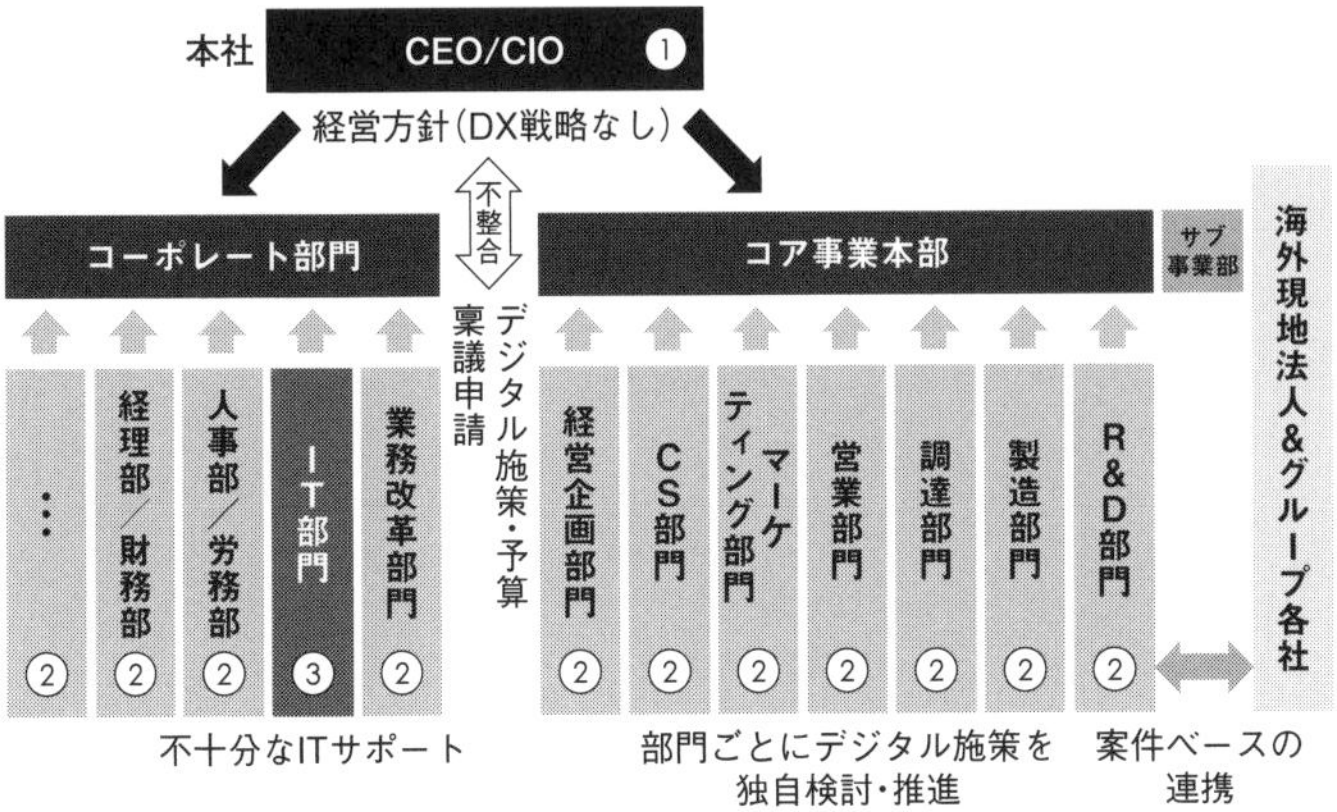

具体的な全社・各事業部別のデジタル戦略やデジタル施策まで述べられていない。これら経営層領域に存在する事象が1つ目の課題である（図表1－1－1①）。

全社デジタル戦略をコミットできている最高経営責任者／最高情報責任者／最高デジタル責任者（CEO／CIO／CDO）が不在、かつ推進度合いを定量的に測定する重要業績評価指標（KPI）も未定義な状況が目立つことが多い。

これらの事象により、経営陣からのディレクションや予算執行の支援方針があいまいなまま、各事業部が自助努力かつ手探りでDX活動を進めることとなり、自分たちで探してきたベンダーと何らかのデジタル施策を推進すべく、たとえば人工知能（AI）を用いた概念実証

（PoC）をやってみるも、テクノロジーに疎い事業部門はベンダーと共通言語で会話することができず、結果的に要望通りの有益な結果が得られないケースが発生する。そのようなことを繰り返しているうちに、「経営層からあいまいなメッセージがあったからデジタル施策を進めたものの、手段であるデジタルの適用が目的化しているのではないか」という思いすら抱くようになり、確実に〝DX疲れ〟を感じはじめDXのスピードを遅らせる結果を招く。横の情報連携もされず、場合によっては二重投資や、他の部門が実行したデジタル施策成功ノウハウの利活用ができず、サイロ化がますます進んでしまうのである。経営層からのあいまいなディレクションと自事業部門の活動との不整合も当然生まれるだろう。コミットする経営層が不在であれば、デジタル施策推進に係る予算稟議申請・承認、つまり活動費の捻出も相応に難航するだろう。これら事業部領域に存在する事象が2つ目の課題である（図表1－1－1－②）。

一方でIT部門はというと、基幹システムの保守・メンテナンス、OS、ネットワーク、セキュリティの配備や維持、日々運用される社内ITに関する問い合わせ対応で多忙を極めており、IT部門リソースがひっ迫している企業がほとんどである。事業部門が進めるデジタル施策へのサポートが限定的かつ不十分な状況となることは容易に想像される。これら既存IT部門領域に存在する事象が3つ目の課題である（図表1－1－1－③）。

企業においてはＤＸを継続的かつ着実に推進するプロセス（アジャイル手法など）が定義されていないことがほとんどであり、概念実証（ＰｏＣ）以降、どのようにＤＸを進めてよいかわからない状況も散見される。人材面においても、各部門およびＩＴ部門では、先進的なデジタル施策を推進する新しいスキルを有したメンバーが不足している状況が多く見受けられる。また、デジタルに係る知見の共有や共同作業を行うプラットフォームが未整備であるがゆえに、非効率な状況が生まれがちである。これらの事象により、一部のデジタルの知見を持つメンバーがアドホックに活躍し、経験やナレッジを蓄積、活用する努力をしているにもかかわらず、最新の導入プロセスを駆使してもＤＸの効果・品質を最大化できないという結果を招くのである。

なお、この先、ＩＴとデジタルといった表現が頻出するため、本書におけるＩＴとデジタルの定義をここで示しておく。

【ＩＴの定義】

ＩＴとは主に、「これまでＩＴ部門が行ってきたカバー範囲」を指す。ＩＴは、企業活動の根幹を支える「守りのＩＴ化活動」として、業務を止めないために極めて重要なファクターである。なお導入プロセスは主にウォーターフォール開発型が採用される。

●現行の基幹システムやサブシステム、各種ソフトウェアおよびアプリケーション
●共通インフラ（オンプレミス、クラウド）、ＰＣ端末
●ＯＳ、ＯＡソフトウェア（Microsoft Office など）
●ネットワーク、セキュリティ

【デジタル／ＤＸの定義】

デジタル／ＤＸは、企業の競争優位性を生み出す「攻めのデジタル化活動」として、次世代に向けた新たなアクションとして、これも重要なファクターである。なお導入プロセスは主にアジャイル開発型が採用される。

●先端技術：人工知能（ＡＩ）、ロボティック・プロセス・オートメーション（ＲＰＡ）、仮想現実（ＶＲ）、拡張現実（ＡＲ）、複合現実（ＭＲ）、モノのインターネット（ＩｏＴ）、ドローン、ブロックチェーン、５Ｇ／６Ｇ、プロセスマイニング、インテリジェントオートメーション（ＩＡ）など
●すでに現存しているが、自社として未導入の技術

［2］組織論に基づいたDX推進の改善の方向性

❶企業全体のDXをデザイン・推進加速するDX専門組織の設立

これらの課題解決として我々KPMGコンサルティングは、企業全体のDXをデザイン・推進加速するDX専門組織「DXMO（Digital Transformation Management Office）」をCEO／CIO／CDO直下として設立することを提案する（図表1－1－2）。DXMOが、「経営戦略と整合したDX戦略／KPIの策定と運用」「DX専門組織としてデジタル人材の定義と確保」「デジタルソリューションと最新導入プロセスの構築・知見共有」を企業内で

図1-1-2 DX成功に向けた課題解決の方向性

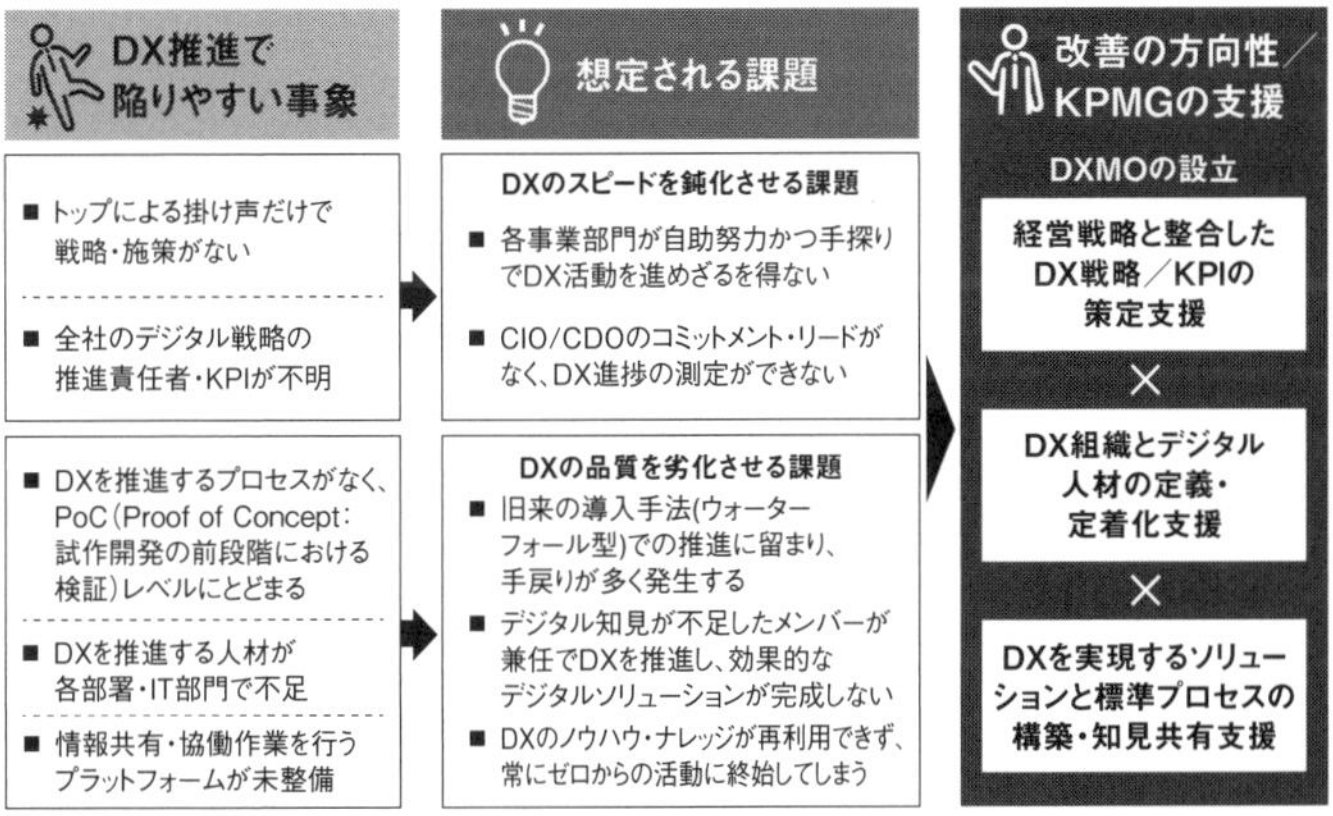
DX推進で陥りやすい事象
想定される課題
改善の方向性／KPMGの支援
■ トップによる掛け声だけで戦略・施策がない
■ 全社のデジタル戦略の推進責任者・KPIが不明
DXのスピードを鈍化させる課題
■ 各事業部門が自助努力かつ手探りでDX活動を進めざるを得ない
■ CIO/CDOのコミットメント・リードがなく、DX進捗の測定ができない
■ DXを推進するプロセスがなく、PoC（Proof of Concept：試作開発の前段階における検証）レベルにとどまる
■ DXを推進する人材が各部署・IT部門で不足
■ 情報共有・協働作業を行うプラットフォームが未整備
DXの品質を劣化させる課題
■ 旧来の導入手法（ウォーターフォール型）での推進に留まり、手戻りが多く発生する
■ デジタル知見が不足したメンバーが兼任でDXを推進し、効果的なデジタルソリューションが完成しない
■ DXのノウハウ・ナレッジが再利用できず、常にゼロからの活動に終始してしまう
DXMOの設立
経営戦略と整合したDX戦略／KPIの策定支援
×
DX組織とデジタル人材の定義・定着化支援
×
DXを実現するソリューションと標準プロセスの構築・知見共有支援

サポートし、一度止まったＤＸの再加速へ貢献すると考えるからである。

❷ＤＸＭＯのミッション・役割

全社最適でのＤＸ推進は、おびただしい数の未知なる困難が待ち構えている。困難を乗り越えながら、効果的かつ効率的にＤＸを推進するためには、全社員が回し続ける改革の原動力を下支えする横断的なＤＸＭＯを設立することがポイントとなる。ただし、個々でも同様のことが言えるが、ＤＸＭＯを設立することが目的化され、時を経て形骸化してしまっては、本末転倒である。ＤＸＭＯは全社ＤＸを加速させるための手段であり、ＤＸＭＯが継続的に全社ＤＸへ貢献していくための第一歩として、ＤＸＭＯが担う役割やミッションを定義することが、重要である。具体的には、ＣＥＯ／ＣＩＯ／ＣＤＯ直属の組織体として全社規模のＤＸ推進を強力にリードし、加速させる専門組織として組成され、各部門やデジタルパートナー（テックベンチャーなど、主にパートナリング先となる外部ベンダー）と横断的に連携することが責務である。なお、ＩＴ部門のＩＴ人材は、主に社内システム・全社共通利用のインフラ、ＯＳ、ネットワーク等、ＩＴ部門の管理範囲内に係る知見を用いてＤＸＭＯを支援していくのである（図表1－1－3）。

図1-1-3 DX推進を加速させるDXMOの役割

各部署・部門
業務知識・スキルを活かして業務を推進。デジタル化要求定義にも協力
デジタルパートナー
主に外部ベンダー
デジタルソリューションを提供(人的リソース含む)
■ デジタル化要望
■ デジタルに関する問い合せ・相談
■ 業務知識・知見提供
■ DX要件・機能の説明
■ DXに係る問い合せ・相談の回答
■ 部署横断ソリューションの提案
■ プロジェクト推進
■ 高度デジタル人材派遣
■ 先端デジタルソリューションの設計書
■ 技術的な問い合わせに回答
■ 人材派遣(データサイエンティスト、データアナリストなど)
■ DXプロジェクトマネジメント/コミュニケーション
■ 要件定義のサポート/トランスレーション
■ 先端デジタル技術に係る問い合わせ
DXMO(高度デジタル人材)
Digital Transformation Management Office
各部署の業務・ITに対する基礎知識を持ち、IT人材と連携して各部署とデジタルパートナーをつなぐことで、全社のデジタル化を加速させる(グループ・グローバル含む)。また、部署間のソリューションについても課題形成・提案する高度デジタル人材
■ 社内システムに係るソリューション案の相談
■ 社内システムの問い合わせ
■ 社内システムに係るソリューション案の回答
■ IT部門の管理範囲内における技術的な問い合せの回答
■ 場合によりデジタルソリューションの実装
IT人材
一般的なIT部門メンバー
社内機関システム、OS、ネットワーク、セキュリティなど、既存業務を支援するテクノロジーに対する知識と、実装・運用保守のスキルを持ち、DX専門組織に助言・支援。デジタルソリューション実装を行う場合もある

DXMOと既存のIT部門や経営企画部門、業務改革部門などとの役割の違いを明確にするため、企業の状況に合わせてDXMOのミッション（DX推進に向けて期待する役割）を定義することが重要である。図1-1-4はDXMOのミッションの例として紹介する。

1 全社DX戦略に則ったうえで、各部門のデジタル化計画策定を支援し、経営層と事業部門のデジタル推進の方向性を整合させる。実行面では全社デジタル化推進に加わり、強力にリードし、推進状況をCEO／CIO／CDOに提言する

2 デジタル知識を最大限活用し、デジタル領域のトランスレーター（ビジネスとテクノロジーの表現や用語を相互翻訳する役割）として各部門

図1-1-4 **DX推進を加速させるDXMOのミッション**

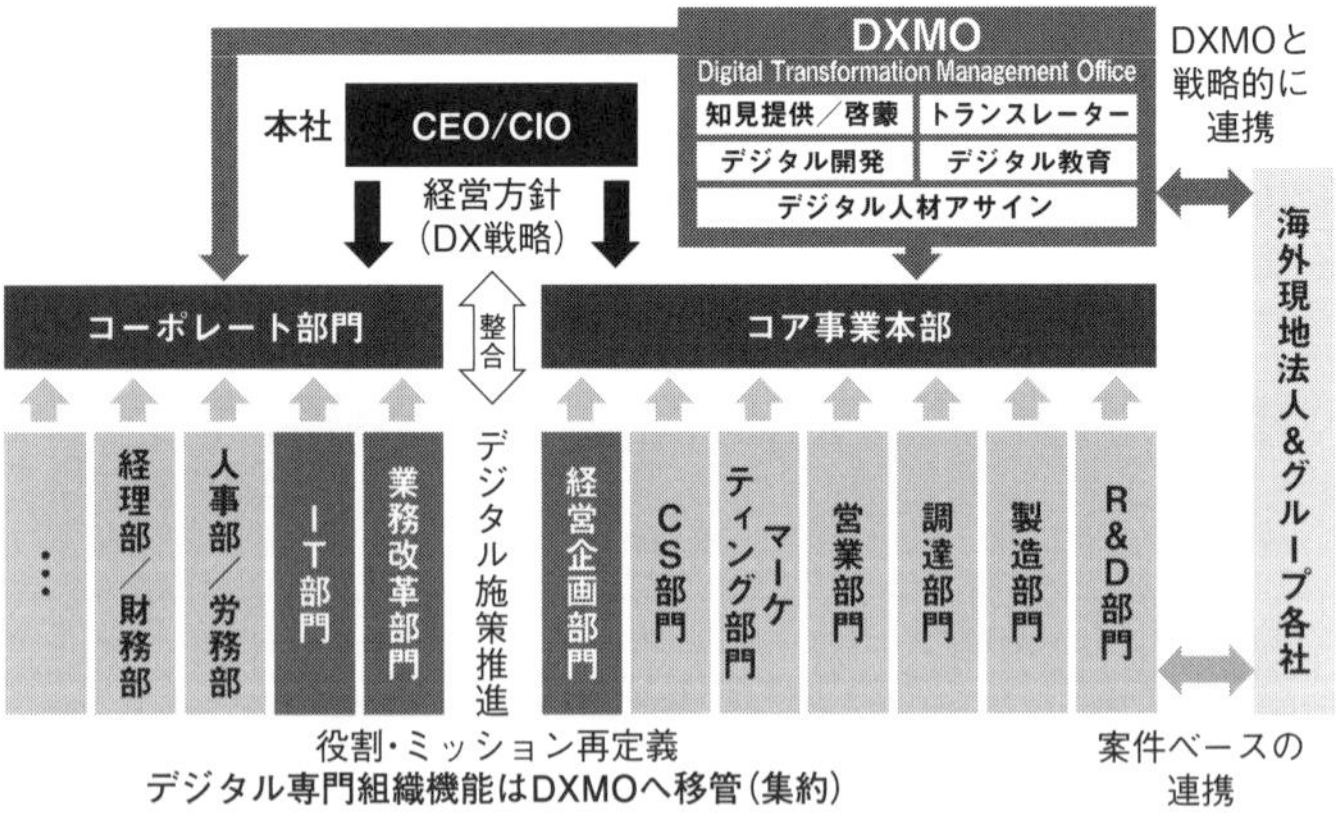

や IT部門、デジタルパートナー間におけるコミュニケーション品質の向上、円滑化を行う

3 先進技術に特化した高度デジタル人材の管理や育成、評価を含めた制度設計および最適化を継続的に進め、各部門のデジタル化案件へのデジタル人材の派遣・貢献を行う

4 全社員（管理職以上含む）のITやデジタルリテラシー向上のため、デジタル研修、学習コンテンツの企画、作成、教育実施推進、運営をリードする

5 全社へ共有すべきデジタルナレッジ、デジタル化推進のためのルールやガバナンスを国や地域を問わず社内外（自社、海外現地法人含む）から収集、管理（ナレッジデータベース含む）、デジタル化推進の環境を整備し、社員へのデジタルに関する知見の提供および啓蒙をリードする

すでにDX専門組織機能があれば、DXMOへの移管を検討していく。必要に応じて、DXMOのミッションに合わせて既存のIT部門や経営企画部門、業務改革部門のミッションならびに役割を再定義するのである。

❸DXMO設立とDX戦略推進までのアプローチ

ステップ1「DX成熟度の見える化」

DXMO設立とDX戦略推進までのアプローチは、2つのステップで実施していく（図表1

ー1ー5)。ステップ1では、「DX成熟度の可視化」を主目的に、企業のデジタル成熟度の現在位置と方向性の明確化を12週程度（約3カ月）で行う。たいていの場合、企業の経営企画部門や業務改革部門などがワンチームでプロジェクトを推進することが多い。

企業が策定、公表している中期経営計画やビジネス戦略、それに至る検討資料を事前分析し、協議のうえ、DXの再加速に向けた重点テーマを4～5つ設定していく（こちらはステップ1で最終的に立案するデジタル施策の方向性に不整合を発生させないための羅針盤として定義する）。

次に、インタビュー対象部門を10～15部門程度決定し、インタビューを実施し、収集された情報を基に、分析・評価を進める。なおKPMGコンサルティングでは、「デジタル成熟度診断」アセット（第4章の第1項を参照）を用いており、これにより「戦略」「組織・人材」「プロセス」「ソリューション」「ガバナンス」の5つのドメイン（サブドメインは22項目）で評価を行っている。そして、他社のスコア平均とベンチマークし、企業のデジタル成熟度の弱みや不足点を洗い出し、ビジネス課題として抽出していく。

これと並行して、KPMGコンサルティングでは、アセットを活用しアンケート形式の「デジタルリテラシー診断」（第4章の第2項を参照）も実施し、収集できたデータを評価、分析して、従業員の現在のデジタルリテラシーの状況とポテンシャルの把握も推進している。

その後、これらインタビュー、アセスメントから抽出したビジネス課題をベースに、ソリューションとなるデジタル施策を10～15程度、仮説ベースで策定する。この際、施策適用前後の姿（As‐Is／To‐Be）の概要をデザインし、当該デジタル施策について、重点テーマとの整合性を含め、プロジェクトチームで十分に議論と検証をし、最終化していく。これを用いて、経営層や事業部門など全社的に「DX推進により何がどう変わるか、またどんな便益が得られるか」といった説明を行い、DX推進の必要性に関する納得感を得ていく。この納得感はこの

図1-1-5 DXMO設立とDX戦略推進までのアプローチ

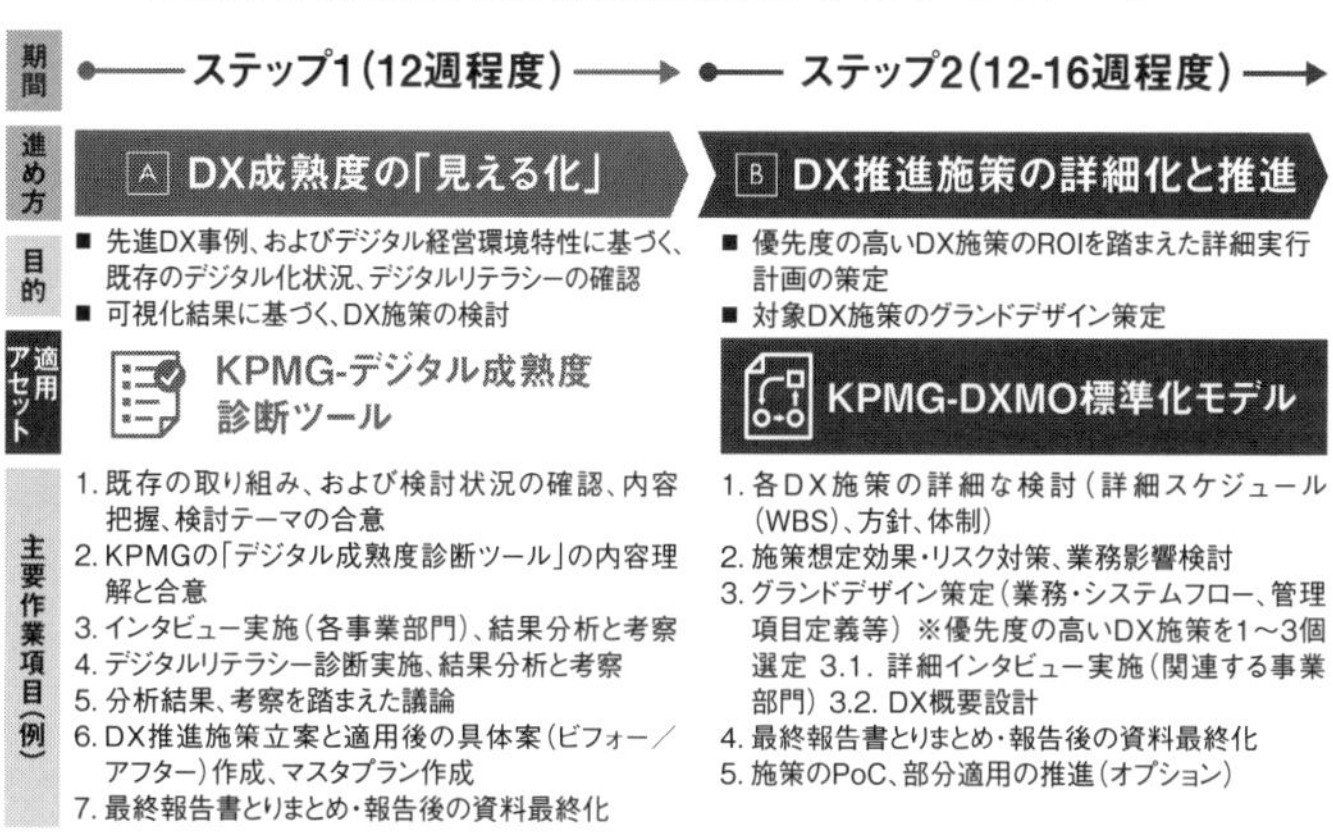

	ステップ1（12週程度）→	ステップ2（12-16週程度）→
期間		
進め方	Ⓐ DX成熟度の「見える化」	Ⓑ DX推進施策の詳細化と推進
目的	■ 先進DX事例、およびデジタル経営環境特性に基づく、既存のデジタル化状況、デジタルリテラシーの確認 ■ 可視化結果に基づく、DX施策の検討	■ 優先度の高いDX施策のROIを踏まえた詳細実行計画の策定 ■ 対象DX施策のグランドデザイン策定
適用アセット	KPMG-デジタル成熟度診断ツール	KPMG-DXMO標準化モデル
主要作業項目（例）	1. 既存の取り組み、および検討状況の確認、内容把握、検討テーマの合意 2. KPMGの「デジタル成熟度診断ツール」の内容理解と合意 3. インタビュー実施（各事業部門）、結果分析と考察 4. デジタルリテラシー診断実施、結果分析と考察 5. 分析結果、考察を踏まえた議論 6. DX推進施策立案と適用後の具体案（ビフォー／アフター）作成、マスタプラン作成 7. 最終報告書とりまとめ・報告後の資料最終化	1. 各DX施策の詳細な検討（詳細スケジュール（WBS）、方針、体制） 2. 施策想定効果・リスク対策、業務影響検討 3. グランドデザイン策定（業務・システムフロー、管理項目定義等）※優先度の高いDX施策を1〜3個選定 3.1. 詳細インタビュー実施（関連する事業部門）3.2. DX概要設計 4. 最終報告書とりまとめ・報告後の資料最終化 5. 施策のPoC、部分適用の推進（オプション）

後の推進に重要で、「我がこと」として全従業員が改革に参加するために必要な要素といえる。最終化したデジタル施策の実行優先度を決定し、デジタルリテラシー診断の結果もインプットしながら、3〜5年の自社のDX実現に向けたロードマップとマスタープランを策定する。これがDXMO設立とDX戦略推進ステップ1のゴールである。

特筆すべきは、このステップ1を通じてプロジェクトチームの一員である企業の経営企画部門や業務改革部門が「DX成熟度の見える化」という結果のみならず、「ビジネス課題の抽出」や「デジタル施策の導出と検証」「デジタル施策実行の優先度決定と計画化」といった各種DXの準備プロセスを体験、学習することができ、将来的な自走化の素地を醸成できるという点である。

ステップ2「DX推進施策の詳細化と推進」

ステップ1の「DX成熟度の見える化」で最終化したデジタル施策の中で、特に実行優先度が高くなる傾向があるのは、「A. DXMOの設立」「B. デジタル人材のスキル／キャリアパス定義」「C. 経営戦略と整合したデジタル戦略立案」といった上流のデジタル施策である。先述した通り多くの日本企業では、中期経営計画でのデジタル方針があいまいでCEO／CIO／CDOが体制の中に不在、コミットメント不足、IT部門がデジタル推進を兼務などの要因からDXが滞っている現状があるのも事実である。まさに、このAとBの実現が

「ＤＸＭＯの設立と、デジタルを手段としたビジネス貢献」へのキーポイントであり、ＤＸＭＯの設立と定着化推進を行うポイントとなる。

ステップ2では、「ＤＸ推進施策の詳細化と推進」として、実行優先度の高いデジタル施策の詳細な検討（Work Breakdown Structure：レベルのスケジュール化、方針の具体化、体制構築）を行っていく。先述したＡ～Ｃのような上流のデジタル施策に不足がある企業では、このデジタル施策から取り組んでいく。なお、すでにＡ～Ｃの施策が推進されている、もしくはリソースやコストに余力がある場合は、個別施策（たとえば、デジタルマーケティングやデジタルツイン推進、ナレッジデータベース構築、物理・論理ロボティクス、ＡＩを活用した業務高度化・効率化など）のグランドデザインを策定していく。ここで重要なのは、各種デジタル施策を推進する前に、施策の想定効果、リスク分析と対策、既存業務への影響を「想像できる限り」検討しておくことである。ＤＸの性質として新しいテクノロジーを適用したり、これに応じて新たなビジネスプロセスを編み出したりすることがしばしばある。ゆえにその効果と言われても二の足を踏むことはある。ここではあくまで仮説としてその効果と影響を「想像」し、後続の活動で検証していく。これにより全体の活動を推進するとともに、仮説検証による学びが全社員の改革活動への経験値を積み増すこと、つまり「学び」を得る効果が得られる。

次章ではステップ2の実行フェーズにおいて、どの企業でも共通的な課題となっている「DX戦略立案・組織／人材定義・テクノロジー適用方針」にフォーカスして具体的な方法論を提言していく。

第1章　第1項のまとめ

▼日本企業で全社DXが成功しない理由は経営層・事業部門・IT部門の課題に起因している。

▼全社DXを加速させるためには、DXMO（DX専門組織）を設立し、全社横断的に機能させることである。

▼DXMOはDX推進の手段であり、設立そのものが目的化してしまい、形骸化させないためには、役割とミッションを定義することが重要である。

▼正しいDXMOの設立とDX戦略推進を進めるには2つのステップ「DX成熟度の見える化」と「DX推進施策の詳細化と推進」が重要である。

第2章

全社DX推進の実践的なアプローチ

全社 DX 推進の実行において固めていくべきこと、それは「戦略・組織」「人材」「テクノロジー」の 3 つの柱である。本章では、この骨太な 3 つの柱について、KPMG コンサルティングのアセットである "DXMO 標準化モデル" をベースに重要な論点について提言する。

2-1 DX専門組織が支援・加速させるデジタル戦略の立案手法（DX戦略モデル）

昨今、さまざまな業界に新しいデジタル技術を用いた破壊的な新規参入者（デジタルディスラプター）が現れている中で、競争優位性を確保するためのDXに迫られている企業や、DXの必要性にここへ来て気づきはじめる企業が増えている。

しかし、繰り返しになるが、DXは単なるデジタライゼーション（既存の業務プロセスの一部をデジタルに置き換える取り組み）とは異なり、組織や社員の意識変革にまで及ぶ全社的な企業改革を目的としている。このため、事業戦略に整合した全社デジタル戦略の立案が必要であり、この取り組みの開始こそが急務となっているのが現実である。

本章では、本編への導入として、DX推進において現在、読者の皆様へ最も実践的で骨太であり、実効性が高いと思われる、第1章で解説した「ステップ2：DX推進施策の詳細化と推進」に係る内容について踏み込んでいく。まずは、「デジタル戦略の立案手法（DX戦略モデル）」について解説を行う。

【1】DX・デジタル施策・デジタル戦略の関係

デジタル戦略立案の話に入る前に、「DX」「デジタル施策」「デジタル戦略」の関係について整理したい。まずDXについて、経済産業省では、「デジタルトランスフォーメーションを推進するためのガイドライン（DX推進ガイドライン）」において、「企業がビジネス環境の激しい変化に対応し、データとデジタル技術を活用して、顧客や社会のニーズを基に、製品やサービス、ビジネスモデルを変革するとともに、業務そのものや、組織、プロセス、企業文化・風土を変革し、競争上の優位性を確立すること」と定義している。DXの推進により変革された企業の姿は、データやデジタル技術活用の結果・状態の一つともいえるだろう。

次にデジタル施策は、データやデジタル技術を活用した個々の営みを示す。つまりデジタル施策とは、ややもすれば単一的なデジタル化にとどまる可能性をはらんでいるデジタル施策の積み重ねが偶然に、ＤＸという結果・状態に至るかもしれないが、多くの場合、単なるデジタル施策の積み重ねではＤＸに至らないのである。

より意図的かつ効率的にＤＸに至るために必要となるのが、デジタル戦略である。言い換えれば、各デジタル施策をＤＸの方向へ至らせる（ＤＸに位置づける）、つまりはＤＸ推進により変革された企業の姿、という結果・状態にたどり着くために必要となる、各デジタル施策を中心とした営みを体系的に立案することがデジタル戦略の本質であり、デジタル施策の上位概念ともいえる。戦略なき戦術（デジタル戦略なきデジタル施策）は、ＤＸという広大な世界を、地図もなく運に任せて歩くようなものだ。

【2】自社にとってのデジタルの定義

「自社にとってのＤＸの定義とは？」という問いを、多くの企業や経営者が語ることができるようになってきたと我々は考えている。では、よりＤＸの実行性を意識した、具体性のある「自社にとってのデジタルの定義とは？」の問いはどうだろうか。

この問いは重要でありながら、DXを推進している、もしくは推進予定の多くの企業であいまいになっている。広義のデジタル（＝アナログの対義語）の観点で捉えれば、メールも基幹システムも、大多数の方がいわゆる「IT」と認識しているものの多くがデジタルに包含されるといえる。「メールはデジタルなのか？」と違和感を覚える方がいるように、デジタルの定義は人それぞれ理解が異なり、企業内で共通認識の形成が図られていないことが多い。「デジタルの定義」があいまいなために、次に挙げるようなDX推進上の問題が多く見受けられる。

- 企業内でのデジタルに対する共通認識（特にデジタルとITの違い）が形成されず、デジタル推進に係る意思決定が遅延（意思決定の段階でも、「デジタルとは何か？」の議論が繰り返され、意思決定・合意形成に至らない）
- デジタルの定義があいまいなため、デジタル施策の立案が困難（既存ITの延長線上の施策か、新たなデジタル施策かの境界が不明確で、デジタル施策としての発案がしにくい）
- 「デジタル推進組織」と「IT部門」の間で、役割重複、役割の空白地帯、押し付け合い、奪い合いが発生（デジタル推進組織とIT部門を分離している場合）
- デジタル施策、IT施策の予算の境目が不明確になり、近視眼的に必要性が明確なIT施策（既存の企業活動を守る）にほとんどの予算が割かれてしまい、デジタル施策への予算計上が困難となり、ＤＸ進捗が鈍化（デジタル予算とＩＴ予算を分離している場合）

特に、「デジタル」と「ＩＴ」を分離してＤＸを推進している企業では、このような問題が散見される。この問題を回避するためには、ＤＸのビジョン、企業の組織風土、求めるＤＸのスピードを踏まえてＤＸを推進することが重要である。図表２-１-１に「テクノロジー構成要素」や「投資目的」でデジタルとＩＴを区分したサンプルイメージを提示する。これは一例であり、より重要なことは、企業のすべてのステークホルダーが最も腹落ちする「デジタルの定義」を策定し、共通認識の形成を図ることにある。

図2-1-1 サンプルイメージ：デジタルの定義

テクノロジーの構成要素
デジタルとITの投資目的
アプリ
最先端技術 (AI,IoT,AR/VR等)
未導入の既知技術
(次世代)基幹システム コミュニケーションツール
(現行)基幹システム (現行)サブシステム
ミドルウェア /インフラ
Office 端末/OS/ネットワーク
セキュリティ
システムセキュリティ
リスク・コンプライアンス
デジタル投資
企業の競争優位性を生み出す「攻めの投資」
IT投資
企業活動の根幹を成す「守りの投資」
デジタルの位置づけ
目的
■ 新しいビジネスモデル・ビジネスプロセスを創る・再定義すること
■ 業務機能、データの扱いを自動化・自律化し、ヒトの能力限界を超えた効果を得ることを主眼に置く
取り組み
■ 最先端の技術を用いて、競争優位性を生み出す取り組み
■ 未導入技術を扱い競争優位性を生み出す取り組み

また、デジタルを経営上にどう位置づけるかによっても、自社にとってのデジタルの定義は大きく変わってくる傾向にある。「デジタルの定義」に一律の答えはなく、各企業がデジタル戦略立案前に「デジタルを経営上にどう位置づけるか」、そして「自社にとってのデジタル」を定義し、共通認識を形成することが、DXを強力かつ迅速に推進する一翼を担うのである。

【3】DXMO標準化モデル

DXを成功に導くためには、先述の「自社にとってのデジタルの定義」を含め、これまで述べてきたような戦略、組織／人材、テクノロジーをはじめとしたさまざまな要素が相互に関係している。それらをオーケストレイト（調和）させることで、DXの果実の刈り取りにたどり着くことができる。

しかし、このような道筋を正しくたどるために、DXの成功要因となるそれぞれの構成要素をゼロから策定・検討していたのでは、相当の時間を要する。この解決を図るべく、KPMGコンサルティングではこれまで我々が経験し、蓄積してきたさまざまなノウハウを集約し、汎用性・再現性のある体系に取りまとめ、「DXMO標準化モデル」（図表2－1－2）として整備している。これは、DX推進の礎となる「DX戦略」「DX組織／人材」「DXソリューション／プロセス」を体系的に構成した、DXの成功に寄与する方法論群である。DX推進要素を体系的に具現化・可視化し、調和を生み出し、DXを成功に導いていくためのテンプレート集であり、お道具箱としてのツールキット群ともいえる。

本項では、DXMO標準化モデルのうち、「デジタル戦略立案」「デジタルKPI定義」「デジタルジャーニー（顧客視点）策定」「DX予算編成手法導入」の4つで構成される「DX戦略モデル（戦略／KPI）」を取り上げ、その中から特に「デジタル戦略立案」について解説していく。

図2-1-2 DXMO標準化モデルと本項の解説領域

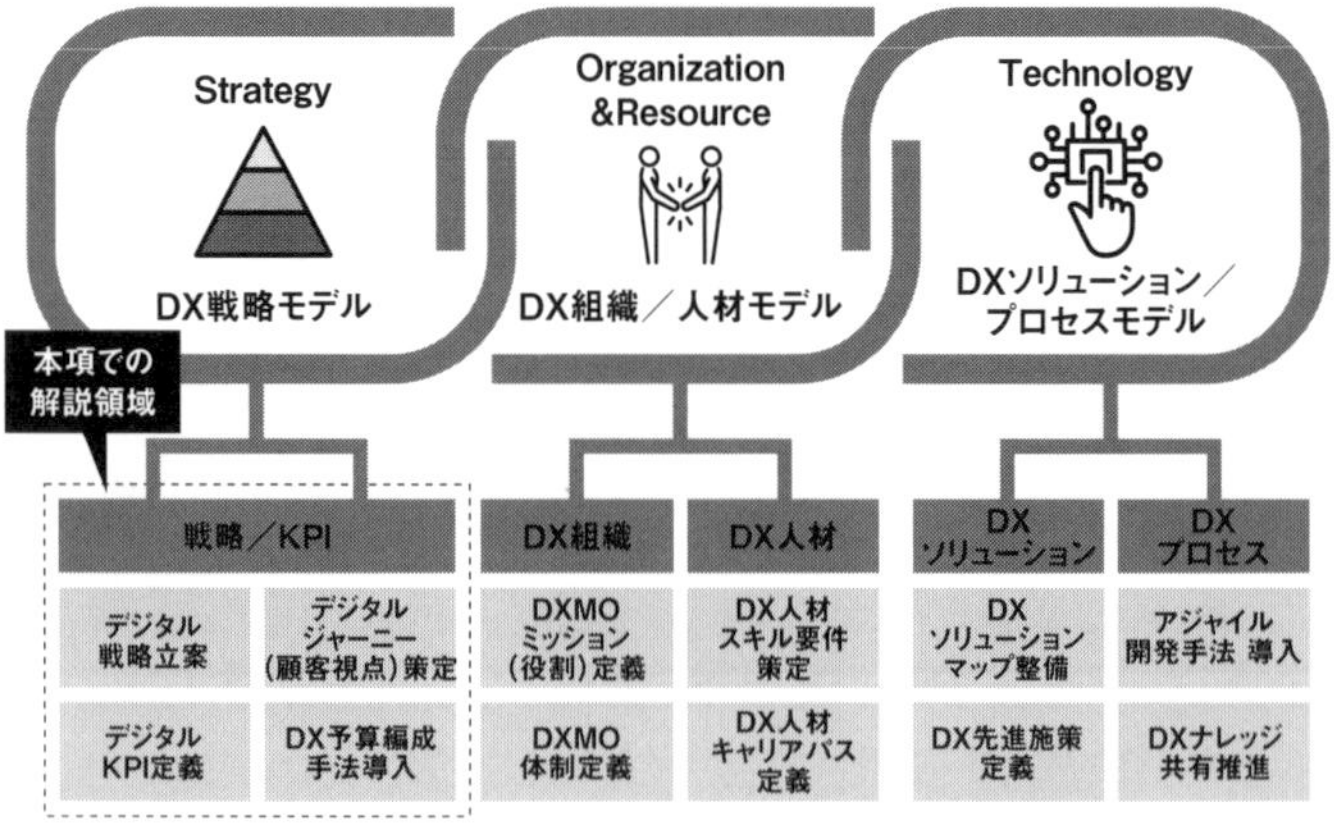

❶デジタル戦略立案の位置づけ・立案アプローチ

第1章の第1項「DX専門組織が必要とされる背景と全体像」でも触れたが、多くの企業は、中期経営計画において3〜5年の中長期的な理念・ビジョンや経営戦略を株主やマーケット、自社の全社員に示していくことが肝要である。この中に、デジタルに係る方針も含まれているが、ほとんどの場合、「DXの推進強化」というキーワードについて触れられているのみで、具体的な全社・各事業部別のデジタル戦略・施策まで述べられていない。また、「デジタルはあくまで手段の一つ」であるにもかかわらず、自社の掲げる経営ビジョンや指標にデジタルがどのように資するのかを、戦略として合理的かつ体系的に示すことができている企業はほとんど見受けられていない現状がある。

多くの企業では世間のDXの潮流に飲み込まれ、デジタル戦略を体系的に具体化する前に、デジタル施策の遂行成果に飛びついてしまう傾向が見受けられる。もちろん、具体的成果によるデジタル推進の意識・モメンタムの醸成や、急ぎ対応すべきことがある場合、デジタル施策の遂行を優先させてしまう局面もあるかと想像はするものの、すべてのデジタル施策がその上位概念であるデジタル戦略の具体化がないまま散発的に進んでしまうと、単なるデジタル化に陥り、本質的かつ根本的なDXに至らないであろうと思料するのである。

デジタル戦略が具体的に立案されていない場合、次のような問題の発生が予想される。

- デジタル施策が散発的な営みに陥り、単なるデジタル化の範囲を脱することができない（DXに至らない）
- 上位概念であるデジタル戦略が具体的でないため、企業全体としてデジタルで目指すべき方向がわからず、デジタル施策の立案が困難（経営にデジタルがどのように資するかがわからない）
- 「DXの推進強化」というキーワードだけでは、各部門の自助努力でデジタル施策に落とし込むことが困難
- デジタル施策を立案できたとしても、部門間でデジタル施策が乱立し、二重投資や利害関係の摩擦が発生
- デジタル施策間およびデジタル以外の施策（業務プロセスの見直し、社内システムの改変など）との依存関係が明確になっておらず、実現性がないデジタル施策に陥ってしまう
- デジタル導入（施策遂行）による効果が不明確で、デジタル施策を推進すべきか判断できない

我々は、こうした問題の本質が「デジタル戦略の位置づけ・立案アプローチの未確立」「デジ

タル戦略立案における役割の未定義（誰がどのレベルまでを立案し、責任を持つか）」「施策間（デジタル／デジタル以外）の整合性や優先度の未整備」の3点に起因すると考えている。

問題を解消するためには、まずデジタル戦略の位置づけや立案アプローチを明確かつ体系的（経営に資する形）に確立する必要がある。具体的には、例として図表2-1-3に示すように、「企業の理念・ビジョン」＞「全社戦略（経営計画）定義」＞「事業戦略・デジタル戦略定義」＞「アクションプラン（デジタル施策）定義」というアプローチを経ることで、経営に資する形に体系化することが可能となる。

特に重要なことは、「全社戦略（経営計画）」か

図2-1-3 例：デジタル戦略の位置づけ・立案アプローチ

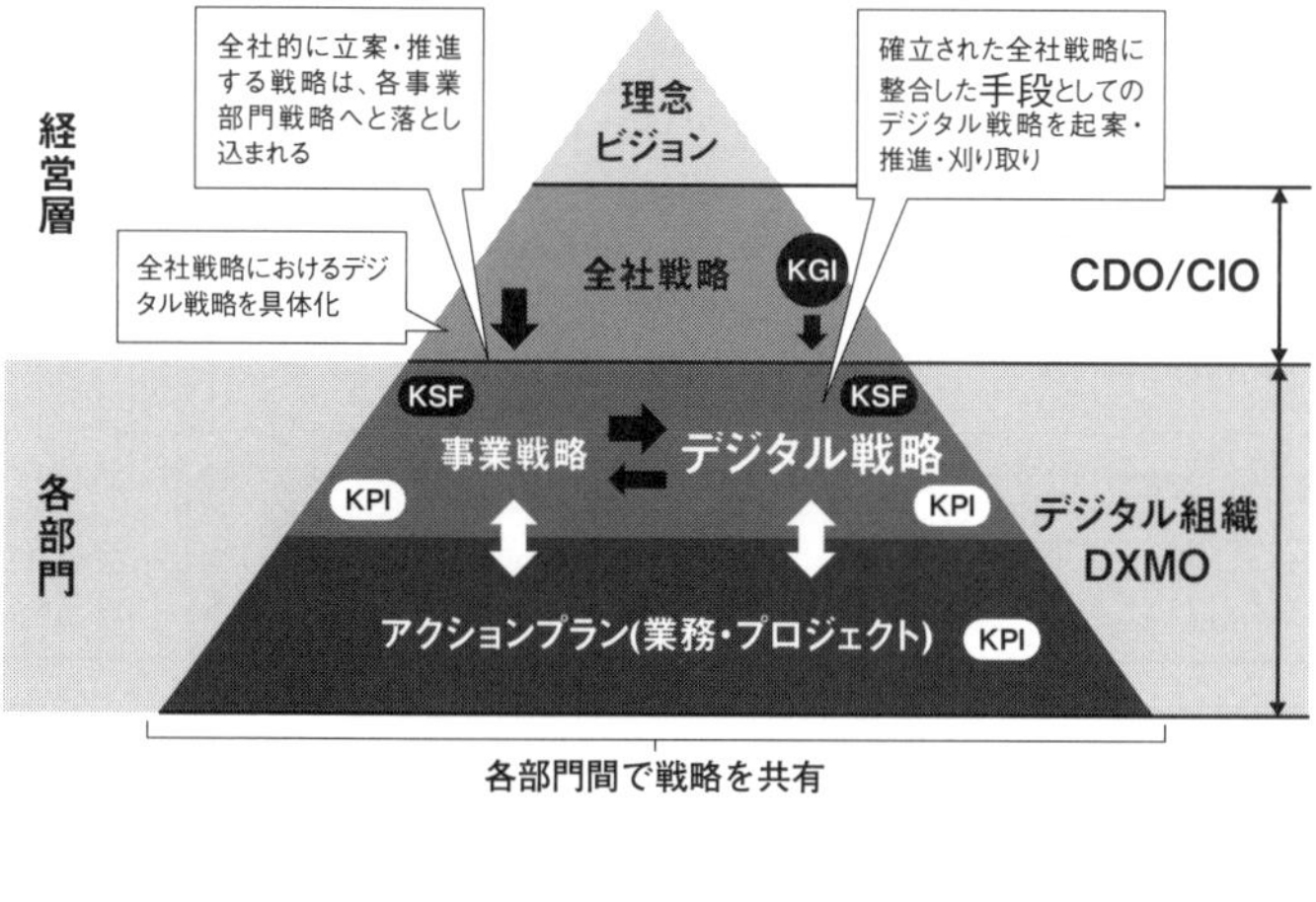

ら「事業戦略（事業として成し遂げたいこと）」に落とし込んだうえで、「デジタル戦略」をいかに整合させるのかという点である。言い換えれば、事業として成し遂げたいことにデジタルが戦略としてどう資するかということであり、これが「デジタルはあくまで手段の一つ」と先述した主たる意図なのである。なお、逆のアプローチとしてデジタル起点（デジタル戦略・施策の成果）から事業戦略の蓋然性（確からしさ）を評価・再考することも有益といえる（KPMGコンサルティングではこの手法を「DX-Rebuild」と称す）。大事なことは、デジタル戦略と事業戦略は常に補完関係にあり、相互に依存し合っていることを理解したうえで、アプローチを進めることである。

❷デジタル戦略立案における役割

デジタル戦略の位置づけ・立案アプローチが確立された次は、デジタル戦略立案における人材の役割を定義する。誰がどのレベル（戦略）まで責任を持って定義するのか、それを定義するに適した役職（定義すべき役職）を決定していく（図表2－1－4）。たとえば、全社戦略レベルであれば、経営に精通し、責任を持つべきである経営層とデジタルに精通している最高情報責任者（CIO）／最高デジタル責任者（CDO）が、デジタル戦略の大方針のレベル（テーマ）を決定していく。いずれの戦略レベルでも大事なことは、次の2点と考える。

● 各レベルの意思決定に適した（戦略レベルや施策にコミットメントできる）役割や役職の巻き込みとコミットメント

● デジタルに精通した人材の適切かつ早期（上流）からの配置

デジタルに精通した人材が社内に必ずしもいるとは限らない。DXMOからの支援が必要になる場合も当然あると思われる。デジタル技術やトレンドは日進月歩であり、日々の定常業務を遂行しながら造詣を深めることは、企業として相応の負担を伴うものである。結果としてデジ

図2-1-4 **例：デジタル戦略立案策定の役割**

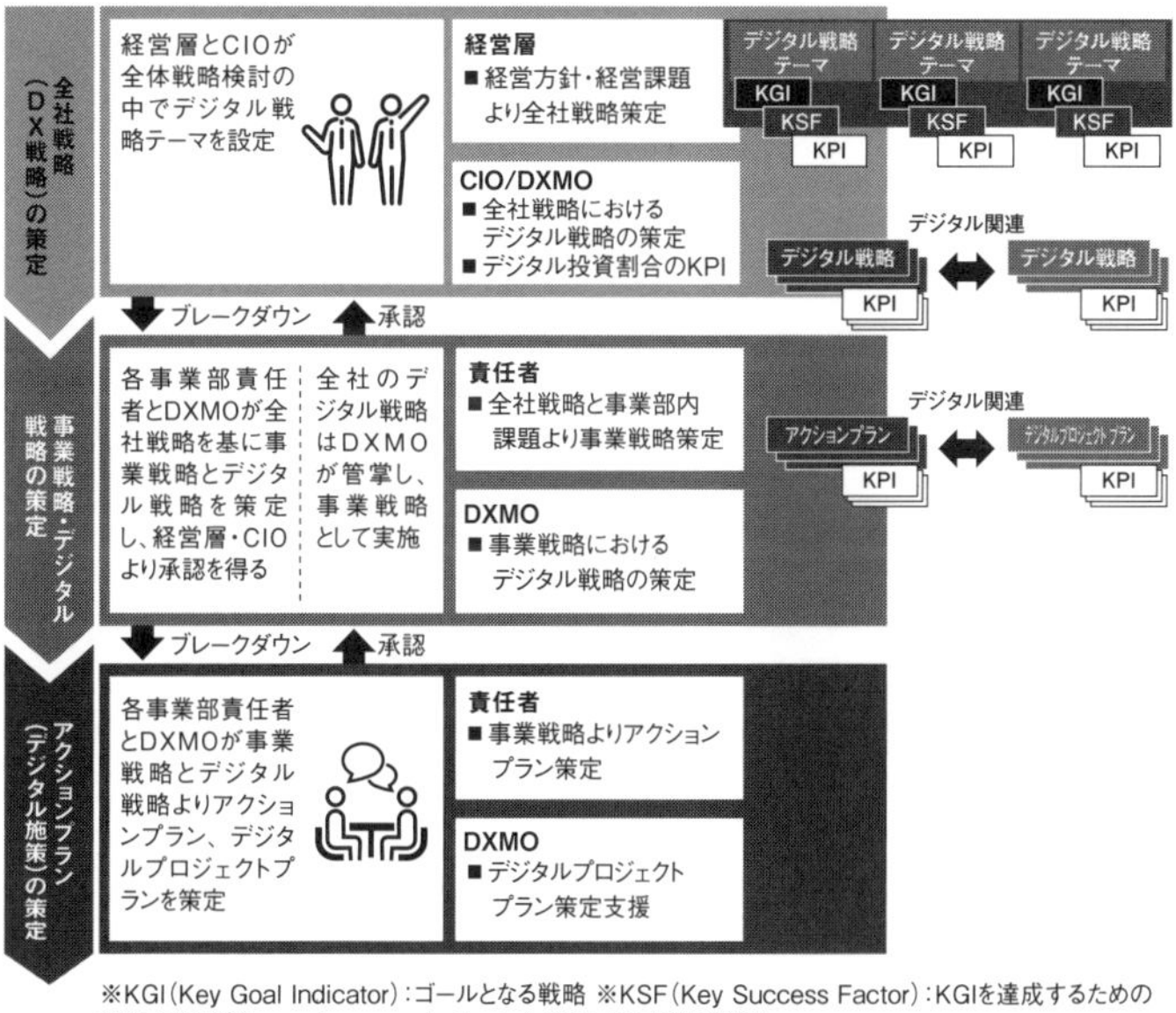

※KGI（Key Goal Indicator）：ゴールとなる戦略 ※KSF（Key Success Factor）：KGIを達成するための要素 ※KPI（Key performance Indicator）：KGI・KSFを測る指標

タルで実現されることの理解不足により施策が立案されず、デジタル施策を推進する段階になって初めてデジタルに精通した人材を配置するというような傾向が多く見られるが、より重要な戦略レベルからデジタルに精通した人材を配置することを推奨する。

通常、事業戦略、デジタル戦略に基づいて各事業部門からデジタル施策が立案されることが多いが、この段階では、各事業部門で起案された各種デジタル施策は、全社横断の施策や事業部門間での重複がある状態がほとんどである。また、事業部門間で同一の施策が提起された場合、事業部門間でデジタル施策の優先度やスコープが異なっていることが多いだけでなく、既存の社内ＩＴ施策との整合性や依存関係も整理されていない状態が想定される。デジタル戦略からデジタル施策を導出・最終化するためには、全社として目指すＤＸの姿に対して再度、整合性を維持するために、デジタル化専門組織やＤＸＭＯのような組織によるサポートが必要となることは言うまでもない。

事業環境の変化は近年加速度を増しており、全社戦略や事業戦略の見直し、もしくはデジタル戦略の進捗状況、市場の動向に合わせて、柔軟にデジタル戦略を見直すプロセスを事前に定義しておくことが重要なのである。

第2章　第1項のまとめ

▼デジタル戦略の策定・定義は、意図的かつ効率的にＤＸ推進を行うための必須の指針である。

▼デジタル施策は、データやデジタル技術を活用した個々の営みを示す戦術であり、デジタル戦略を体系的に実現するための構成要素である。

▼これらは、「企業の理念・ビジョン」＞「全社戦略（経営計画）定義」＞「事業戦略・デジタル戦略定義」＞「アクションプラン（デジタル施策）定義」というアプローチでＤＸ専門組織のサポートのもと、導出していく。

2-2

DX専門組織に求められる組織構造と企業内での立ち位置（DX組織モデル）

本項では、DXMOの推進母体であるDX専門組織に求められる組織構造と企業内での立ち位置にさらに踏み込んだ、「DX組織モデル」（図表2-2-1）について解説を行う。DX専門組織を設立したものの有効に機能せず、全社DXの加速へ今ひとつ貢献できておらず、形骸化すらしてしまっている企業も散見される。そのような状況の打破へ向け一石を投じる。

【1】DXMOのミッション（役割）定義：DXMOは何者か

DXMOを社内に設立する際に、まず重要なことが、「DXMOのミッション」を定義することである。基幹システムや社内サーバー、OS、ネットワーク、ウェブブラウザー、eメールなどの業務ソフトの保守、メンテナンス、問い合わせサポートなど、つまりは「守りのIT」を担当範囲（もちろん、業務を止めることなくITサービスを利用部門へ提供し続けるという意味で当領域は企業として極めて重要であることは言うまでもないが）とする既存のIT部門と異なり、DXMOは、AI／Cognitive（人工知能／認識技術）、AI-OCR（AIを用いた光学文字認識）、IoT、AR／MR（拡張現実／複合現実）、ブロックチェーンなど、現在あらゆる企業で新たにチャレンジされており、アジャイル開発アプローチの適用が推奨される先端技術領域、また、数年〜十数年前に生まれ、多くの企業ですでに適用済みであるが、既存のIT部門にとってはハードルが高く、自社として未着手であった技術領域を用いたデジタル施策、つまりは

図2-2-1 DXMO標準化モデルと本項の解説領域

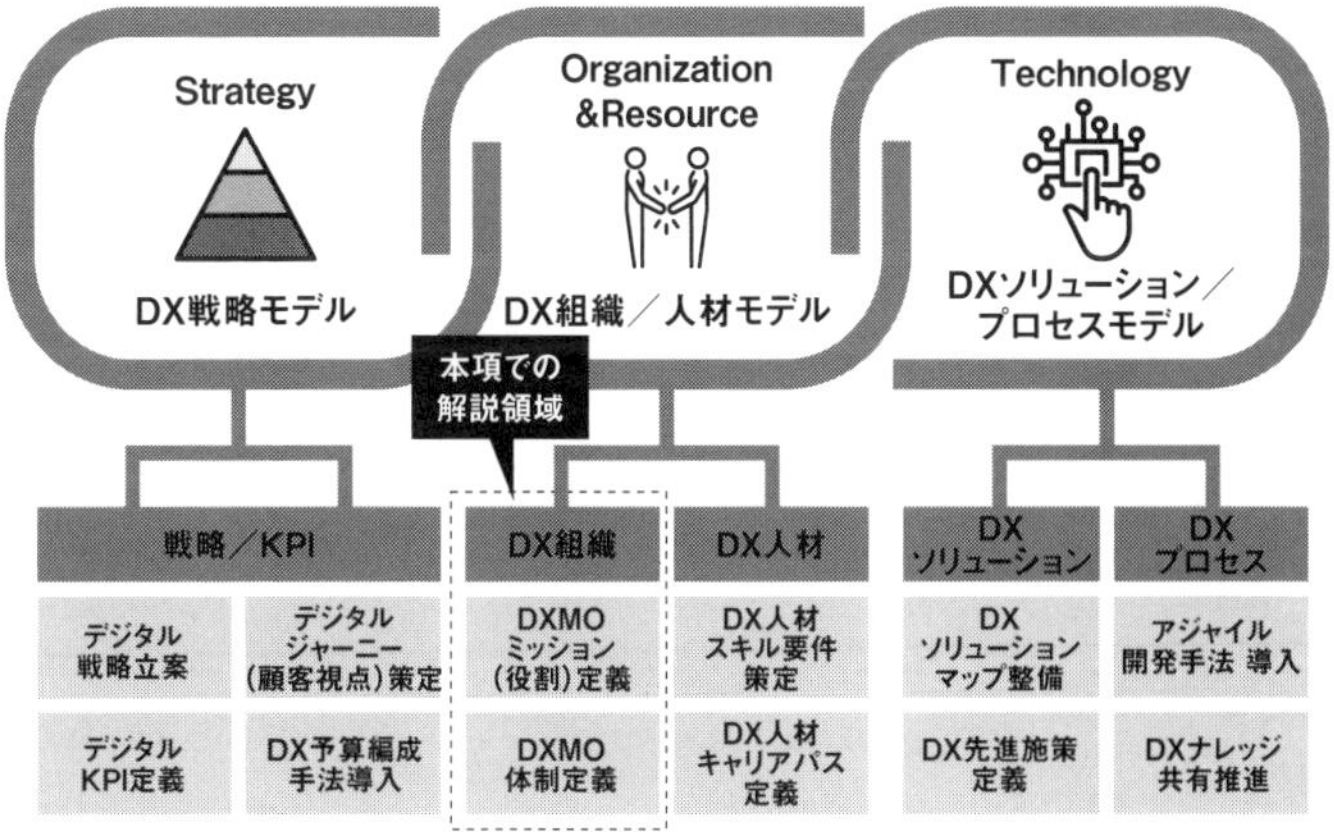

「攻めのデジタル領域」の推進を担う組織体である。

このように、社内の他部門や社外のステークホルダー（取引先や株主、顧客など）へDXMOの存在意義と使命を明確に示すためにも、独自のミッション（図表2－2－2）を明文化することがスタートとなる。また、DXMOに所属するメンバー自身が、「自分たちは何者で、どんな役割を背負っているか」を認識し、同一の価値観・ベクトルを相互理解したうえで活動推進していくことこそが、DXMOのミッション定義の最も重要なファクターであると我々は考える。

図2-2-2 DXMOの5つのミッション

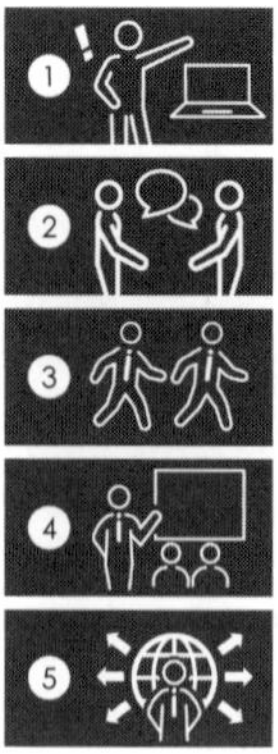

①	全社DX戦略に則ったうえで、各部署のデジタル化計画策定を支援。実行面では全社デジタル化推進に加わり、強力に牽引し、推進状況をCEOに提言する
②	デジタル知識を最大限活用し、デジタル領域のトランスレーターとして各部署・IT部門・ベンダー間におけるコミュニケーション品質の向上・円滑化を行う
③	先進技術に特化した高度デジタル人財の管理・育成・評価を含めた制度設計・最適化を継続的に進め、各部署のデジタル化案件へのデジタル人財の派遣・貢献を行う
④	全社員（管理職以上含む）のIT・デジタルリテラシー向上のため、デジタル研修・学習コンテンツの企画・作成・教育実施推進、運営をリードする
⑤	全社へ共有すべきデジタルナレッジ、デジタル化推進のためのルール・ガバナンスを 国内外（自社・海外現法含む）から収集・管理（ナレッジDB含む）し、デジタル化推進の環境を整備し、社員へのデジタルに関する知見提供・啓蒙をリードする

［2］CEOの確固たる意志とCDO／CDXOの擁立：DXMOの形骸化を回避するために

昨今、全社DXへ挑む多くの企業において、本書で推奨しているDXMO、つまりDX専門組織の擁立がなされ、報道発表を大々的に行っている場面を目にすることも珍しくなくなった。ただ残念ながら、多くの企業のCxOクラスの経営層と全社DXについてディスカッションを行う中で、「DX推進組織を設立したものの、全社DXを効果的にリードできているとはいえない」という声もまたしばしば耳にする。この課題については、「全社DXの情報一元化・可視化ができていない」「DX専門組織のリテラシーが不足している」「事業部門とDX専門組織とのコミュニケーションがまだまだ不足している」など、さまざまな要因があると想定されるが、根本的かつ最も重要なポイントは、経営層（CxO）のDXへの係り方である。

まず、DX専門組織を設立し、強力に全社DXを推進するには、CEO（最高経営責任者）、つまり、企業のトップがその全社方針のリードを自身の責務として捉え、中期経営計画やアニュアルレポートなどで自社のDXのビジョンやコミットメントを明示的に発信していくことが重要である。CEOが全社DXにおいて、その必要性の理解・実感はもちろんのこと、確固たる意志を持ち、トップダウンのガバナンスを効かせていかねば、DXMOは拠り所を失い、さまざまな障壁を打破していくことが困難になる。

次に重要なことは、CDO／CDXO（最高デジタル責任者／最高DX責任者）を擁立すること。先述した通り、DXMOの担当範囲は既存のIT部門とは異なる、攻めのデジタル領域となる。このチームの統率を図り、けん引していくにあたって、CDO／CDXOには次のコミュニケーションが必須となる。

- CEOへ定期的にレポーティングし、意思疎通をしたうえで、CEOの期待を理解し新たな指示、リクエストを受け止める
- CIO（最高情報責任者）と連携し、相互の守備範囲を明確にしつつ、DXMOの活動方針の理解、合意を得て、IT部門とDXMOのシナジーを生み出していく

部門横断的かつ先進的な活動を大胆に進めていかねばならないDXMOに、社内の執行権を持つCDO／CDXOが不在であると、時として部門間のパワーバランスや社内政治の波、長い時間をかけてはぐくまれてきた「企業なりの最高効率」に飲み込まれてしまい、機動力が

失われるケースが多々あると思われる。DXMOという組織の箱を作ったところまではよいが、1年もすると形骸化し、振り返れば何の成果も残せていない、という企業は実は少なくないだろう。繰り返しになるが「CEOの確固たる意志とCDO／CDXOの擁立」が全社DX推進の成功のカギとなる。

［3］DXMO体制の定義：どのような組織スキームが最適か

全社DX推進を目指し、DXMOを設立するうえで、DXMOは企業の組織体の中でどのような位置取りをすべきだろうか。ここでは、DXMOの組織スキームのパターンについて解説していく。

DXMOの組織スキームは、大きく「組織新設型」と「既存組織拡張型」に分けられ、タイプ別には、さらに5つのパターンに大別される（図表2－2－3）。

「組織新設型」とは、完全に新たな独立組織としてDXMOを設立するケースを指す。他方で「既存組織拡張型」とは、経営企画部門やIT部門の中にDXMOチームを組成するケースを指す。DX推進は企業文化や企業規模によりふさわしいスキームが異なるので、正解のスキー

図2-2-3 DXMO組織スキームのパターン

	組織新設型		スピード感を重視する場合	既存組織拡張型	
形態	❶企画推進独立事業部門型	推奨モデル ❷全社支援型	❸全社実行型	❹企画部門推進型	❺IT部門推進型
体制イメージ	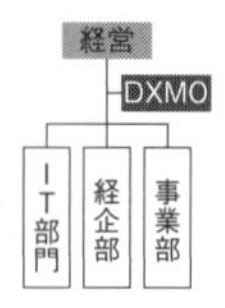	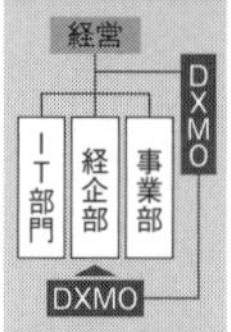	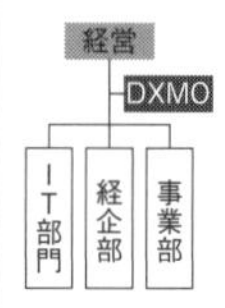	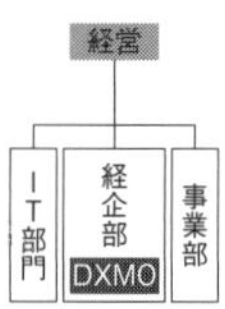	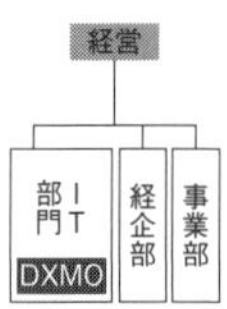
概要	DX専門組織が全社DX戦略を立案し、各部門のDXをモニタリング、経営（CDO）にレポート	①に加え、DX専門組織が各部門のDXをサポート	①に加え、DX専門組織が各部門のDXを主体で推進	経営企画部門等の企画系部門がDXの推進を担当	IT部門（情報システム部門）がDXの推進を担当
役割 企画推進	DXMO	DXMO	DXMO	DXMO	DXMO
役割 実行	各部門	各部門	DXMO	各部門	各部門
役割 実行支援	―	DXMO	各部門	DXMO	DXMO
メリット	■既存の事業部門への負担が少ない ■企画推進だけの機能を有するため、組成の難易度が比較的低い	■社内の複数・多数の部門においてDXを推進する際に有効 ■全社規模でのDXの推進が可能	■❷に加えてスピード感を生み出すことができる	■試行的な取り組みに効果的	■既存業務の効率化に効果的
課題	■既存事業との連携が弱くなりがちで、実行力が弱い ■現場部門に高い事業開発能力等が必要	■各部門とDX専門部門の関わり方が難しい（現場とのコーディネートなどが求められる） ■現場部門に高い事業開発能力等が必要	■体制組成に多くの労力を要する（体制組成のスピード感が落ちる）	■経営企画部門とDXMOの要員・担当業務の境界線を定義しても、遵守されないおそれがある ■部門内組織という位置づけであり、全社的な変革のイメージ発信が弱い	■IT部門とDXMOの要員・担当業務の境界線を定義しても、遵守されないおそれがある ■部門内組織という位置づけであり、全社的な変革のイメージ発信が弱い

ムは存在するとは言い難い。ご自身の組織を想像しながら、自社に最適なスキームはどれか、と検討しつつ読み進めていただきたい。

❶組織新設型・企画推進独立事業部門型スキーム

「組織新設型・企画推進独立事業部門型スキーム」とは、DXMOを新設し、CEO直下に組織を組成し、企画推進を行うスキームである。役割としては、企画推進のみDXMOが担当し、デジタル施策の実行は各部門が担当する。メリットとしては、各部門へデジタル施策推進を委譲しているために負担や摩擦が少ないこと。また、DXMOは企画推進機能のみを有するので、DXMOへの負荷が高くなく、組成が比較的しやすいということが挙げられる。課題としては、事業部門とDXMOの連携が薄くなりがちで、DXの実行力が弱くなる傾向にあること。また、事業部門に高いDX実行能力が必要であることが挙げられる。

このスキームで最も懸念されるのは、事業部門から見て「DXMOは企画しかせず、自部門へ指示だけをする組織」と見られてしまいかねない点である。また、各部門が推進しているデジタル施策の進捗や効果がリアルタイムに把握しにくく、DX推進の本質的な観点では、企業文化や企業規模にかかわらず、あまり推奨できないスキームであるといえる。

❷組織新設型・全社支援型スキーム

「組織新設型・全社支援型スキーム」とは、DXMOを新設し、CEO直下に組織を組成し、企画推進・実行支援を行うスキームである。役割としては、企画推進と実行支援をDXMOが担当し、デジタル施策の実行は各部門が担当する。メリットとしては、DXMOが各部門へ実行支援を行い、接点を持つことで、社内の複数・多数の部門向けの横断的、かつ全社規模でのDX推進が可能であることが挙げられる。課題としては、各部門とDXMOとの間に相応のコミュニケーション負荷が必要となること、また、❶組織新設型・企画推進独立事業部門型スキームと同様に、事業部門に高いDX実行能力が必要であることが挙げられる。

とはいえ、各部門での独力でのデジタル施策の実行は、現実的には困難なケースが多く見受けられる。仮に推進できているとしても、事業部門はDX推進を手探りで実施せざるを得ず、手戻りや二重投資を招くことも考えられる。このスキームでは、DXMOが実行支援することでそのようなリスクの低減を図れる。さらに、DXMOが事業部門と接点を持つことで、各部門が推進しているデジタル施策推進の進捗や効果がリアルタイムに把握しやすいため、推奨されるスキームである。

❸組織新設型・全社実行型スキーム

「組織新設型・全社実行型スキーム」とは、DXMOを新設し、CEO直下に組織を組成し、企画推進・実行そのものを行うスキームである。役割としては、企画推進と実行をDXMOが担当し、デジタル施策の実行支援を各部門が担当する。メリットとしては、DXの専門家であるDXMOが各部門に代わり実行を担うため、さらなるDX推進の加速化が可能であることが挙げられる。課題としては、全社的なデジタル施策推進の実行主体をもDXMOが担うため、DXMOに多くの高スキルデジタル人材が所属している必要があることが挙げられる。

当該スキームは全社DXのスピード感を重視する場合に有効だが、組織の強力な垂直立ち上げを行うため、デジタル人材の確保についてはほとんどの場合が外部からのリソース獲得を行うことになり、多大な費用が必要となる。❷組織新設型・全社支援型スキームと比べ、現実的にはハードルが高いと考えられる。

❹既存組織拡張型・企画部門推進型スキーム、❺既存組織拡張型・IT部門推進型スキーム

「既存組織拡張型・企画部門推進型スキーム」とは、DXMOを新設せず、既存組織である経

営企画部など、既存部門内に組織を組成し、企画推進・実行そのものを行うスキームである。

「既存組織拡張型・IT部門推進型スキーム」も同様に、DXMOを新設せず、既存組織であるIT部門内に組織を組成する。役割としては、❷組織新設型・全社支援型スキームと同様になる。メリットとしては、既存組織の一つのチームとして組成するため、組織改編の手続きや承認が不要となるケースが多く、スピーディに設立できることが挙げられる。

ただし、当該スキームは、「部門内の一つのチームが組成されているに過ぎない」という状況であり、社内外への「全社的な変革のイメージの発信力」としてはインパクトに欠け、DXのモメンタムが生まれにくい面がある。とりわけ「既存組織拡張型・IT部門推進型スキーム」の場合、時間の経過とともに、守りのITと攻めのデジタルとの境界線があいまいになり、リソースやコストの適切な配分が失われる可能性もあるため、一義的には推奨できかねるスキームといえる。他方で、「企業文化としてDXの変革には時間がかかる」「企業規模が小さく、専門組織を設立するにはハードルが高い」といった企業では、まず当該スキームからスタートし、小さな成功を重ねながら❷、❸へと移行していくことが、有用な推進手法といえる。

第2章　第2項のまとめ

▼ＤＸ専門組織においては、社内の他部門や社外のステークホルダー（取引先や株主、顧客など）へ向け、存在意義と使命を明確に示すためにも、独自のミッションを定義・提示すべきである。

▼ＤＸを組織全体で強力に推進するためには、ＣＥＯがＤＸに関するビジョンやコミットメントを全社へ明示的に発信していくことが重要である。

▼部門横断的かつ先進的なＤＸを大胆に進めるにあたり、社内の執行権を持つＣＤＯ／ＣＤＸＯの擁立が必要である。

▼ＤＸ専門組織スキームのパターンは5つあり、自社の文化や風土、ガバナンス状況に応じ、ふさわしいスキームを選択し、まず活動を始めてみることが肝要である。

2-3 DX専門組織のメンバーに求められる人材像とキャリアパス（DX人材モデル）

本章の第2項では、「DXMO標準化モデル」（図表2-3-1）に基づき、「DX組織モデル」について解説した。

本項では、DXMOの推進母体であるDX専門組織メンバーに求められるデジタル人材像、そして、継続的成長とスキル評価の礎となるキャリアパスにさらに踏み込んだ「DX人材モデル」について解説していく。全社DXの推進の主体はデジタル人材であり、この要員の継続的な育成・確保に悩んでいる企業は非常に多く、いかにして成長を促していくか、ここが極めて重要なポイントとなる。

【1】DX専門組織メンバーに求められるデジタル人材像導出のアプローチ

まず、DX専門組織に必要なデジタル人材像を導出するアプローチについて説明する。

DX専門組織は、IT部門とは異なり、既存の基幹システムの運用保守、既存ハードウェア（サーバー、PC端末）・ソフトウェア管理、OS・ネットワーク管理、これらに関するユーザーからの問い合わせ対応などのいわゆる「守りのIT」に係る業務は行わない。先進的なデジタルテクノロジー（AI、IoT、ブロックチェーンなど）を実装する技術力を武器に、今もさまざまな企業でチャレンジが続けられているデジタル施策、つまり「攻めのIT」の領域を主戦

図2-3-1 DXMO標準化モデルと本項の解説領域

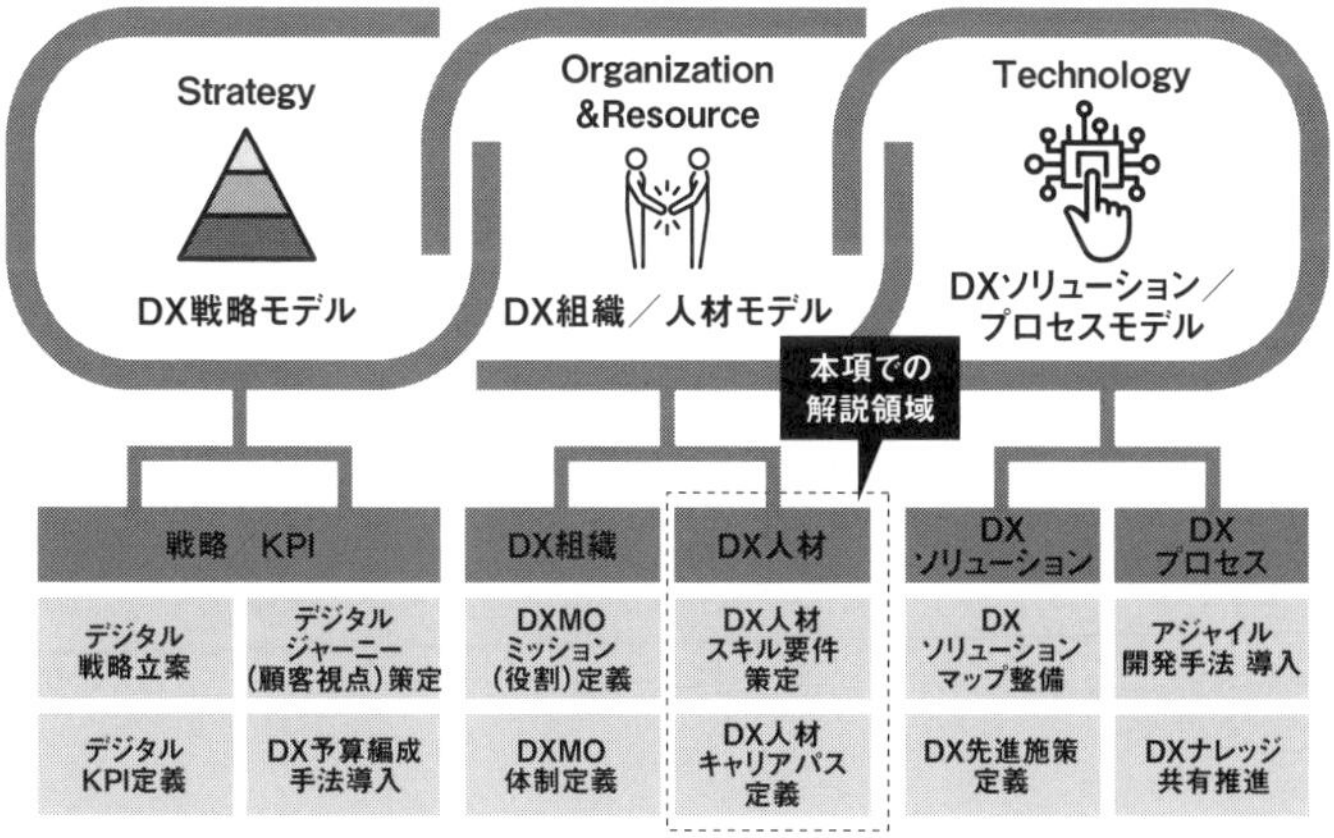

場としていく。

とはいえ、そのような技術力を保有している人材の捜索は、どの企業でもされていない、または、できていないと思われる。その理由は、多くの企業において、デジタル人材の獲得や教育に相応のコストを要することはもちろん、「いったい何をするためのデジタル人材なのか」という目的が不明瞭である状態であるからだ。それでは、デジタル人材像をどのようにして定義すればよいのだろうか。

企業に必要なデジタル人材像を正しく導出するには、「必要なDX組織機能の定義」→「必要なDX人材定義」→「必要なDX人材教育計画の立案」といった手順で進めることを推奨する（図表2－3－2）。まずは、自社の全社経営戦略を実現させる各部門のビジネス戦略を定義し、それに資するデジタル戦略推進に必要な「DX組織機能」を導出、定義していく。

次に、DX組織機能ごとの役割を明確に定義したのち、それぞれ実行タスク（10種程度）、そして、タスク推進に必要なスキルを明確化し、DX組織機能ごとの要員数を導出、定義する。この段階で、自社のデジタル施策推進の活動に整合したデジタル人材像が、目的を持って定義され、社内の人事方針決定者にも納得されやすい人材リクエストを提示できるようになる。ただ単にデジタル人材を獲得するだけではなく、獲得後にいかに教育を進めていくのかという育成計画もセットで策定する必要がある。企業にとってデジタル人材を正社員登用することは、一過性の事案ではないからである。DX人材の育成は、現状のDX人材スキルを把握したうえで、目指すべきDX人材スキルの目標地点を決定し、教育マテリアルの選定を進め、教育計画を立案する必要がある（この領域の具体的な推進手法は、第4章の第2項「社員のDX理解度を評価・把握し、向上を図る〈DX-Education〉」で解説する）。

いずれにせよ、自社特有の全社経営戦略から

図2-3-2 デジタル人材像導出のアプローチ

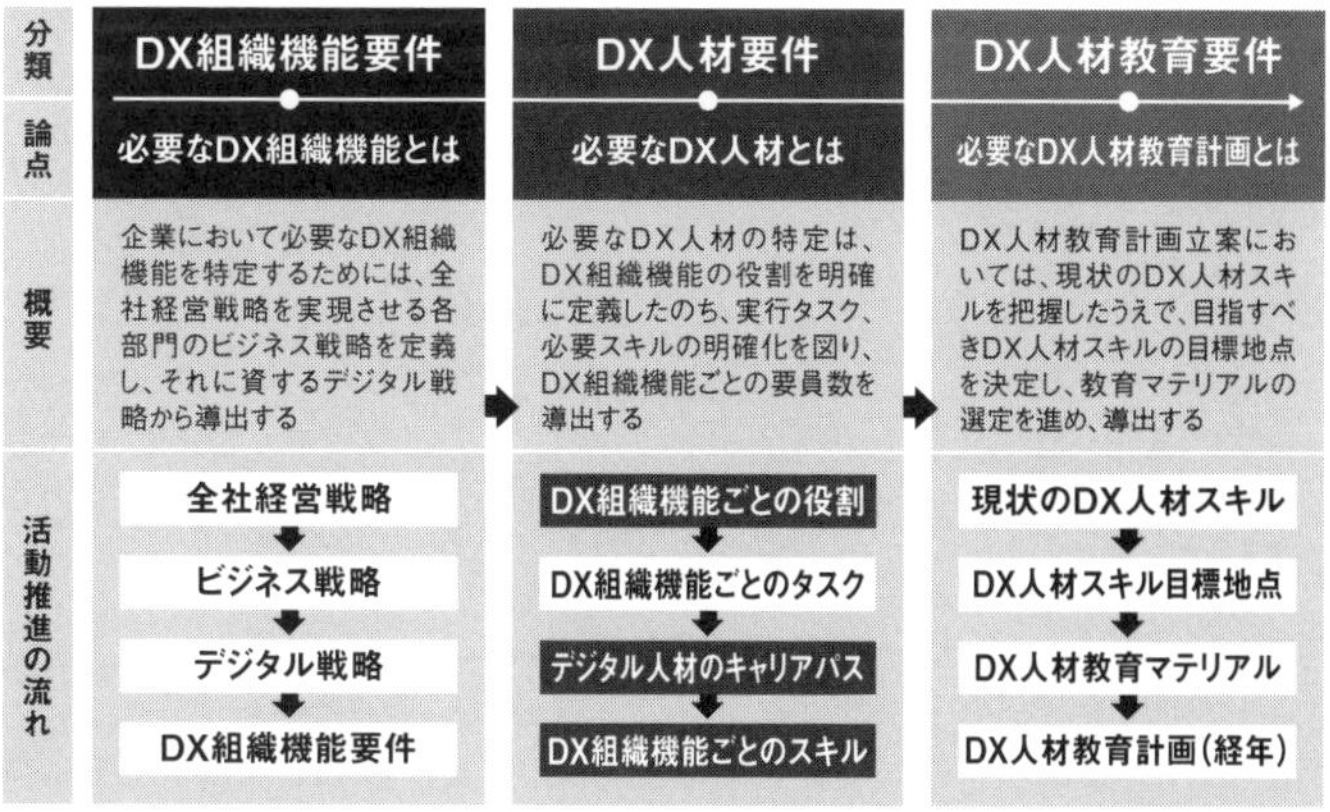

分類
論点
概要
活動推進の流れ
DX組織機能要件
必要なDX組織機能とは
企業において必要なDX組織機能を特定するためには、全社経営戦略を実現させる各部門のビジネス戦略を定義し、それに資するデジタル戦略から導出する
全社経営戦略
ビジネス戦略
デジタル戦略
DX組織機能要件
DX人材要件
必要なDX人材とは
必要なDX人材の特定は、DX組織機能の役割を明確に定義したのち、実行タスク、必要スキルの明確化を図り、DX組織機能ごとの要員数を導出する
DX組織機能ごとの役割
DX組織機能ごとのタスク
デジタル人材のキャリアパス
DX組織機能ごとのスキル
DX人材教育要件
必要なDX人材教育計画とは
DX人材教育計画立案においては、現状のDX人材スキルを把握したうえで、目指すべきDX人材スキルの目標地点を決定し、教育マテリアルの選定を進め、導出する
現状のDX人材スキル
DX人材スキル目標地点
DX人材教育マテリアル
DX人材教育計画（経年）

落とし込むアプローチが最も合理的であり、適切である。一方で、そこを起点とするがゆえに、企業に必要なデジタル人材像、獲得の時期は、その企業によって異なる。ここでは、これまで触れてこなかった「DX組織機能ごとの役割」「デジタル人材のキャリアパス」「DX組織機能ごとのスキル」にフォーカスし、解説を進めていく。

[2] 高度DX実現に向けどのようなデジタル人材が求められるか：DX組織機能ごとの職種と役割

先述のように、企業にとって必要なデジタル人材像は、デジタル戦略により異なってくる。本書では、本書執筆時点のトレンドに基づき、一つの解として、多くの高度DX推進企業において必要とされているデジタル人材の職種・役割を提示する。

デジタル戦略に資するデジタル施策推進は、図表2-3-3に示す6職種のロールモデルによって実現されると我々は考える。

①デジタルディレクター

デジタルディレクターは、デジタル施策推進の実現を主導するリーダー／マネジメント格の人材である。ビジネスマネジメント力・外部環境把握力・組織けん引力といったリーダーシップの具備が求められる。

②デジタルビジネスクリエイター

デジタルビジネスクリエイターは、デジタル施策の企画・立案・推進などを担う人材である。DXに向けた既存業務のあるべき姿をデ

図2-3-3 デジタル人材の職種・役割（ロールモデル）

デジタル化専門組織立ち上げ初期の内製化推奨範囲（①〜③）

職種名	役割	必要な知識／スキル
① デジタルディレクター	■DXの実現を主導するリーダー／マネジメント格	■事業全体を俯瞰し、意思決定する「ビジネスマネジメント力」 ■とりまく環境変化をとらえた、「将来動向の把握力」 ■内外のリソースをリードする「組織の牽引力」
② デジタルビジネスクリエイター	■DXの企画・立案・推進 ■DXに向けた業務のあるべき姿の設計 ■デジタルも交えた新規事業の想起	■デジタルをベースとした新規事業やサービスの「想起・着想力」 ■アイデアやコンセプトをあるべき姿として具現化する「企画構築力」 ■議論の活性化および協調的活動を促進させる「ファシリテーション力」
③ ビジネストランスレーター	■DXに関するシステムの設計支援（部門と外部ベンダーのブリッジ）	■先端デジタルテクノロジーの深い理解・知見に立脚した「デジタル技術力」 ■自社の各事業の業務内容、業務プロセス、業務用語に関わる「業務理解力」 ■自社の事業部門メンバーと外部ベンダーとの間においてコミュニケーション円滑化、ネゴシエーションを行う「トランスレータースキル」
④ デジタルアーキテクト／データサイエンティスト	■統計学や情報工学に精通し、データに基づいた高度な意思決定・分析・解析	■ビジネス課題を整理し、デジタルを用いて解決する「デジタルソリューション適用力」 ■統計学や情報工学の知見に基づいた「データサイエンス／アナリティクス力」 ■業務へのインサイトをデータに基づいて導出する「データエンジニアリング力」
⑤ エクスペリエンスクリエイター	■DXに関わるシステムのUX/UIデザイン	■顧客体験起点の設計思想を理解し、具現化・実践できる「デザインシンキングスキル」 ■アクセシビリティ、ユニバーサルデザイン、ユーザビリティ、モダンデザインなど高度UX/UIを追求する「Webクリエイタースキル」
⑥ DXエンジニア／DXプログラマー	■先端技術領域のデジタルシステムの実装やインフラ構築	■アジャイル/DevOpsなど近代的なエンジニアリング方法論を取り入れた「ITプロセススキル」 ■Python/R/Swift/Groovy/Solidity/Ruby/PHPなど、近代においてニーズの高い「プログラミングスキル」

ザイン・設計する企画構築力、またデジタルをベースとした新規事業の着想に基づいたファシリテーションスキルの具備が求められる。

③ **ビジネストランスレーター**

ビジネストランスレーターは、デジタル施策に係るシステムの設計支援（部門とベンダーの橋渡し）ができる人材である。自社業務とデジタル技術の知見を保有し、事業部門と外部ベンダーとのコミュニケーションのトランスレーションを行い、概念実証（ＰｏＣ）や要件定義を成功させるスキルの具備が求められる。

④ **デジタルアーキテクト／データサイエンティスト**

デジタルアーキテクト／データサイエンティストは、デジタル施策推進、特に高難度の知見である統計学や情報工学、人工知能（ＡＩ）のアルゴリズムに精通し、データに基づいた高度な意思決定・分析・解析ができる人材である。ビッグデータをインプットし、データサイエンス、アナリティクスの観点で、ビジネス貢献の提言ができるスキルの具備が求められる。

⑤ **エクスペリエンスクリエイター**

エクスペリエンスクリエイターは、デジタル施策の推進において社内外のユーザー目線を意識し、ユーザーインターフェース（ＵＩ）、ユーザー体験（ＵＸ）、顧客体験（ＣＸ）のデザインを担当する人材である。将来予測的なＣＸをイメージし、デザインシンキングなどの手法を用いて、将来予測的な顧客接点（オンライン／オフライン）でのサービスの要求定義を行えるスキルの具備が求められる。

⑥ DXエンジニア／DXプログラマー

DXエンジニア／DXプログラマーは、「攻めのIT」を実現させる先端技術領域のデジタルシステムの実装や、インフラ構築などを担う人材である。従前のシステム開発プロセスの理解はもちろんのこと、Python／R／Swift／Groovy／Solidity／Ruby／PHPなど、デジタル人材マーケットで高価値と認められるプログラミングスキルを駆使し、企業のデジタル施策開発を迅速に遂行するスキルの具備が求められる。

これら6職種のロールモデルの獲得は、とりわけ日本国内においては容易ではなく、自社に必要な組織機能の要件と照らし合わせ、スモールスタートから設立を開始することも一つの有益なアプローチと考える。また、すべてのロールモデルを初期段階において外部から採用することは推奨されない。特に、自社のビジネスを理解している必要がある「デジタルディレクター」「デジタルビジネスクリエイター」「ビジネストランスレーター」の3職種は、自社業務の理解を前提としているため、まずは内部人材からの擁立を推奨する。

ところで、それぞれの職種の人材を何人程度確保すべきか、ということもDX専門組織の設立においては重要なポイントになる。これまでさまざまな企業とディスカッションしてきた我々の経験を鑑みるに、一つの目安として、DX専門組織のヘッドとなるCDOを1人擁立し、組織メンバーとなる6つの職種の人数比を示すとすれば、上から順に、1：2：2：1：1：2の比率で確保することを推奨する。自社で複数のデジタル施策を推進する際、「デジタルビジネスクリエイター」「ビジネストランスレーター」「DXエンジニア／DXプログラマー」の業務負荷が高くなることが多々あるからである。

なお、DX専門組織全体の人数規模の目安について、具体的な事例を紹介する。ある総合商社（従業員数3500人程度）では、DX専門組織の立ち上げ初年度は約20人（支援デジタル施策数が7〜8案件）、2年目は約50人（同20案件）の規模で全社DX推進へチャレンジした。DX専門組織は、デジタル施策の企画・立案・マネジメント、各事業部門へのデジタル施策推進の支援を行い、デジタル施策の実行主体は各事業部門という役割分担であった。

[3] 高度DX推進に向けどのようなデジタル人材を階層化するか：デジタル人材のキャリアパス

どの企業にも、「係長↓主任↓課長↓部長……」と昇進していく際の人事評価基準（キャリアパス）が存在する。この制度は、広範囲かつ一般的な従業員に対しては正しく機能していると思われる。しかし、デジタル人材のキャリアパスでは、既存の評価基準をそのまま適用すると、場合によっては数年要しても管理職に昇進できず、デジタル人材が求める待遇を得られないケースがほとんどであるとも考えられる。この課題の解決法は、デジタル人材の職位を階層化すること、つまり、デジタル人材専用のキャリアパスを新たに制定することである（図表2－3－4）。

それぞれのデジタル人材のキャリアパス（人材像の階層）の推奨案について解説する。

●プリンシパル

プリンシパルとは、企業内のハイエンドプレーヤーとして、部門間・全社における課題形成・

デジタル施策推進プロジェクトの企画・構想・提案・予算確保・デリバリーを全面的・主導的に指揮できる人物。

●マネジャー

マネジャーとは、社内システム、業務、ならびにデジタルの先端テクノロジーなど専門分野が確立し、デジタル施策推進のリード（下位のメンバーのマネジメント含め）、独力での課題形成・後進の育成ができる人物。

●シニアコンサルタント

シニアコンサルタントとは、要求されたデジタル施策推進

図2-3-4 デジタル人材のキャリアパス（案）

人材像レベル	人材像	育成プロセス	一般的な役職イメージ
プリンシパル	企業内のハイエンドプレーヤーとして部署間、全社における課題形成・デジタルソリューションデリバリーをリードできる	―	CxO/役員/本部長
マネジャー	社内システム、業務、ならびにデジタルの先端テクノロジーなど専門分野が確立し、DX推進のリード、独力での課題形成・後進の育成ができる	■中～大規模なDX案件の推進責任者となる ■部署間の課題解決/コミュニケーション、先端デジタル技術を用いたサービス開発を推進	部長/課長
シニアコンサルタント	要求された作業を独力で実行でき、プロジェクトマネジメントの知識、経験した業務・デジタルの知識を有している	■小規模なDX案件の推進責任者となる ■デジタル案件のPoC、実装を推進 ■IT部門への問合せ・調整を実施	係長
コンサルタント	上位者の指導の下、プロジェクトの推進・調整など要求された作業が担当できる	■DX実装案件でタスクの主担当者となる ■専門知識の習得・研鑽を実施 ■DX案件で部署の窓口となる	主任
アソシエイト	ヒアリング、調整などの最低限必要なスキルを有している	■タスクとして切り出した作業の一部を実施 ■プロジェクトマネジメント/デジタル基礎研修へ参加	一般社員

中途・外部（マネジャー～シニアコンサルタント）
新卒（アソシエイト～）

の作業を独力で実行でき、デジタル施策推進のプロジェクトマネジメントの知識、経験した業務・デジタルの知識を有す人物。

- コンサルタント

コンサルタントとは、上位者の指導のもとでデジタル施策推進のプロジェクトの進行・調整など要求された作業が担当できる人物。

- アソシエイト

アソシエイトとは、デジタル施策推進のプロジェクトにおいて、ヒアリング、調整などの最低限必要なスキルを有している人物。

これらのデジタル人材のキャリアパスは、従前の評価基準とはまったく異なる。デジタル人材のパフォーマンスにおける年次評価に関しては、先述のようなデジタル人材特有の階層と内容を新規制定することが、継続的にデジタル人材を雇用・育成していく際の前提となる。なお、当該取り組みについては、経営層の理解と、自社の人事部門との連携・合意も併せて実施していく必要があることは言うまでもない。

[4] 高度DX実現に向けどのようなスキルが求められるか：DX組織機能ごとのスキル要件とスキルレベル

DX推進に必要なDX組織機能ごとの職種・役割を定義した後に、それぞれどのようなタスクを推進するか、10種程度を洗い出す。その後、タスクごとに必要となる「DX組織機能ごとのスキル」を導出していく。ここでは一つの例として、「デジタル化スキル」「業務知識」「IT情報収集」「プロジェクト推進」「デジタルテクノロジー」の5つのスキルカテゴリー（図表2-3-5）の設計方針を紹介する。

ここで取り上げる設計例においては、「DX組織機能ごとの職種・役割」と、担当する実行タスクの関連・体系は示してはいないが、結果として、図表2-3-5で示すようなスキルカテゴリーと具体的スキルを洗い出すことを推奨する。この具体的スキルは、DX専門組織が現在のトレンドを分析し、将来必要になると思われるスキルを予測したうえで整理・定義していく。

次に、先述したデジタル人材のキャリアパスごとに、どのレベルのスキルを保有すべきか、マトリックス型のテーブルを定義する。スキルレベルは、「Ｌｖ１：最低限の基礎知識を有する」「Ｌｖ２：上位者の指示の下、実行・調整できる」「Ｌｖ３：独力で実行・調整できる」「Ｌｖ４：下位者に教育できる」「Ｌｖ５：社内をリードしている」といったように定義していく。保有スキルの基本的な考え方としては、

- プリンシパルは概ねＬｖ５まで到達している。
- マネジャーは概ねＬｖ４まで到達している。
- シニアコンサルタントは概ねＬｖ３まで到達している。
- コンサルタントはＬｖ２の５割程度まで到達している。
- アソシエイトは部分的にＬｖ１まで到達して

図2-3-5 5つのスキルカテゴリー（例）

		人材像レベル・スキルレベル				
カテゴリー	スキル	アソシエイト	コンサルタント	シニアコンサルタント	マネジャー	プリンシパル
デジタル化スキル	論理的思考	Lv.1	Lv.2	Lv.3	Lv.4	Lv.5
	着想・デザイン	—	Lv.1	Lv.3	Lv.4	Lv.5
	課題の定義	—	Lv.1	Lv.3	Lv.4	Lv.5
	ビジネス視点でのデータ理解	—	Lv.1	Lv.3	Lv.4	Lv.5
	分析評価	—	Lv.1	Lv.3	Lv.4	Lv.5
	事業への実装	—	Lv.2	Lv.3	Lv.4	Lv.5
業務知識	各部署において必要な業務知識・内容	Lv.1	Lv.2	Lv.2	Lv.3	Lv.3
IT情報収集	IT情報収集／先端デジタル技術研究	—	Lv.1	Lv.2	Lv.3	Lv.3
プロジェクト推進	企画	—	Lv.1	Lv.3	Lv.4	Lv.5
	RFP／要件定義書作成	—	Lv.2	Lv.3	Lv.4	Lv.5
	プロジェクト推進	Lv.2	Lv.2	Lv.3	Lv.4	Lv.5
	プロジェクト計画	—	Lv.1	Lv.3	Lv.4	Lv.5
	PoC	Lv.1	Lv.2	Lv.3	Lv.4	Lv.5
	アジャイルによる開発プロジェクト	Lv.1	Lv.2	Lv.3	Lv.4	Lv.5
デジタルテクノロジースキル	BPMS／BAM 等導入	—	Lv.1	Lv.2	Lv.3	Lv.3
	RPA導入	—	Lv.1	Lv.2	Lv.3	Lv.3
	RPA開発	—	—	Lv.1	Lv.1	Lv.1
	BPM／ワークフロー導入	—	Lv.1	Lv.2	Lv.3	Lv.3
	AI-OCR導入	—	Lv.1	Lv.2	Lv.3	Lv.3

凡例
- Lv.5 社内をリードしている
- Lv.4 下位者に教育できる
- Lv.3 独力で実行・調整できる
- Lv.2 上位者の指示の下、実行・調整できる
- Lv.1 最低限の基礎知識を有する

いる。

というような階層を作っていく。このようなスキルマトリックスを詳細に定義し、さらに前述の「デジタル人材のキャリアパス」とセットでデジタル人材育成方針を経営層からコミットメント・発信していくことで、各デジタル人材が納得感を持って自身の目標と、それに至る道筋を明確に理解・設定でき、スキルアップとデジタル施策推進の貢献を目指すことができるのである。

第2章　第3項のまとめ

▼デジタル人材像を正しく導出するには、「必要なDX組織機能の定義」→「必要なDX人材定義」→「必要なDX人材教育計画の立案」といった手順で進めるべきである。

▼高度DX実現に向けては、6種の「職種と役割」が存在する。「デジタルディレクター」「デジタルビジネスクリエイター」「ビジネストランスレーター」の3職種は、自社業務の理解を前提としているため、まずは内部人材から擁立すべきである。

▼既存の人事評価基準（キャリアパス）はデジタル人材にフィットしないため、デジタル人材専用のキャリアパスを新たに制定すべきである。

▼デジタル人材のスキル定義においては、階層ごとにどのレベルのスキルを保有するか、マトリックス型のスキルテーブルを定義し、教育推進を進めていくべきである。

2-4 DX専門組織が具備すべきテクノロジー方法論

（DXソリューション／プロセスモデル）

前項までは、DXMO標準化モデル（図表2－4－1）に基づき、「DX戦略モデル」「DX組織／人材モデル」について解説してきた。戦略立案で方向性が定まり、組織／人材設計で推進主体を捉えることができた。残されているのはDX推進における武器（テクノロジー）をどのように準備し磨いていくか、という議論である。本項では、テクノロジーを活用してDX推進を効率化、高度化させる方法論として、DXMOの「DXソリューション／プロセスモデル」（図表2－4－1）について解説する。

【1】従来のＩＴとＤＸの違い・テクノロジー活用モデルの必要性

本題に入る前に、なぜＤＸにはテクノロジーの活用モデルが必要なのか、従前のＩＴの活用とは何が違うのかを改めて整理したい。

ＤＸという概念が一般的でなかった頃のＩＴ活用は、工数削減を目的としたものがほとんどであった。システム調達は開発ベンダーに委託し、インフラやアプリケーションを一から構築するスクラッチ開発が主流であった。開発手法はウォーターフォール型が適用され、長いと、年単位の時間をかけてようやくリリースを迎え、その後、長い運用保守が始まる。ＩＴ部門は、この運用保守を主目的としたケイパビ

図2-4-1 DXMO標準化モデルと本項の解説領域

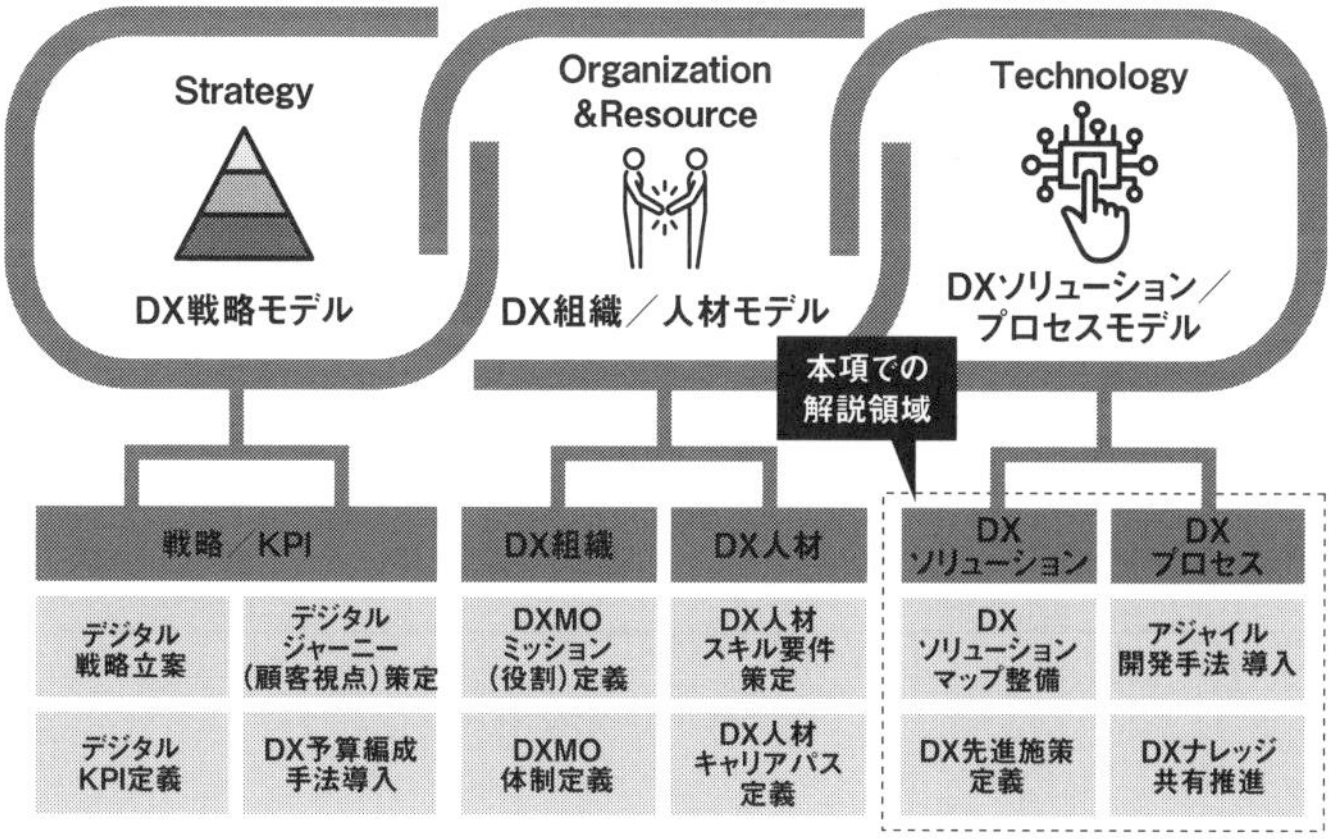

リティーを当然備えており、それは、実際に最良の打ち手であった。しかし、2010年代以降、ビジネステクノロジーを取り巻く環境が複雑さを増し、将来予測が困難となる「VUCA（Volatility・Uncertainty・Complexity・Ambiguity）」と呼ばれる時代が到来し、その常識は変わっていくのである。ビジネス環境の変化速度がそれ以前と比べて格段に速くなったことで、長い時間をかけてシステムを完成させた頃には当初の要件が陳腐化してしまっているという問題が起き始めることとなる。しかし同時に、この問題を解決するためのテクノロジーが次々と登場していく。

テクノロジー環境面においては、クラウドサービスの登場と活用により、インフラやアプリケーションを企業内で必ずしも一から構築する必要がなくなった。テクノロジー適用の方法論の面では、ウォーターフォール型では吸収できなかった不確実性に対応すべく、アジャイル型という開発手法が生まれるのである。これは、スモールスタートでクイックに始め大きく育てるという手法であり、アジャイル開発手法により変化し続けるビジネス要件への即応性を高める。ソフトウェアのオープン化が進み、実績のあるApplication Programming Interface（API）やプログラムが一般公開され、誰もがいつでも利用できる環境が整い、安全性、安定性、投資効率性の観点含め、システム開発の効率はますます上がることとなる。さらに、ハードウェアの可用性や性能面、ユーザビリティーの進化により、膨大なリソースが必要であった人工知能（ＡＩ）の利用ハードルも下がり、誰もが使えるようになったのである。このアジャイル開発手法が、ＶＵＣＡ時代のＤＸ推進やデジタルソリューション適用に極めて適している。

ＶＵＣＡの中で生き残るために必要な道具として、テクノロジーはある程度、出揃ってきた感はある。後はこれらのテクノロジーを適切に組み合わせ、使いこなし、経営に資する施策としてタイムリーに実行、推進していくことが必要なのである。これが多くの企業にとって難題となっているのが現状であるとも言える。

ＤＸ実現のためには、ビジネス環境の変化を見ながら、多様化、高度化したテクノロジー、経営戦略、組織、人材のバランスを取りながらオーケストレート（協奏推進）していく必要がある。しかし、保守やメンテナンス、問い合わせサポートといった「守りのＩＴ」を担当範囲とする既存のＩＴ部門でのケイパビリティーでは、この命題を受け止めることは難しいと思われる。この難題を解決する組織が「ＤＸＭＯ」であり、ＤＸに至るまでの方法論が「ＤＸＭＯ標準化モデル」なのである。ここでＤＸＭＯ標準化モデルの中から、テクノロジーにフォーカスした「ＤＸソリューション／プロセスモデル」について紹介する。

［2］事業戦略とデジタル戦略の整合の重要性

多様化が進んだテクノロジーの中から適切なものを選び、有効なDX施策を打つためには、ベンダーの助言、業界シェア、他社事例など外部の情報のみで判断するのではなく、自社の事業戦略とデジタル戦略を鑑みて判断することが重要である。テクノロジーを事業戦略およびデジタル戦略と整合させるためには、業務プロセスと最新デジタルソリューションを整理した「DXソリューションマップ」（図表2－4－2）が有効だ。

DXソリューションマップは、業務プロセス（バリューチェーン）を軸に、顧客視点の強化と自動化による時間創出、基盤整備の観点ごとにテクノロジー要素を検討し、マッピングされている。言うなれば、業務プロセスごとに適用可能なテクノロジーのカタログといったところだろうか。このDXソリューションマップに沿って具体的なDX施策を検討していくことで、単なるデジタル化の散発的な積み重ねではなく、バリューチェーンに連動したDX戦略実行へ向かうことができるようになる。なお、このDXソリューションマップは、DXMOが管理し、常に最新デジタルトレンドを取り込んだうえで継続的にアップデートしていく必要がある。事

図2-4-2 事業戦略とデジタル戦略を整合させた DXソリューションマップ

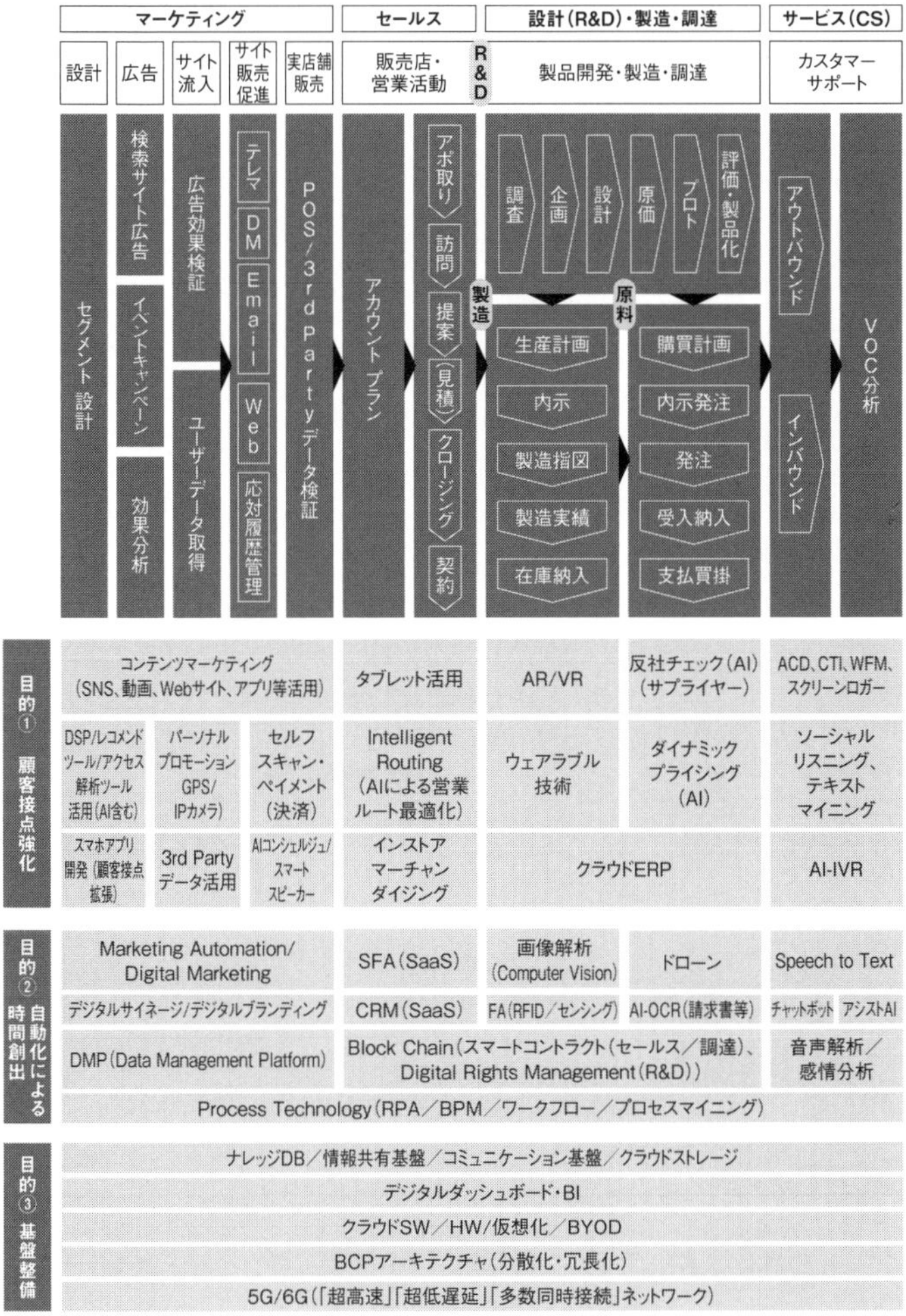

業部門のビジネス課題に対して、最新のデジタルソリューションのメニューを迅速に提示し、事業部門が自身で調査・情報収集することなく、選択できる状況を促すこともまたDXMOの責務となる。

また、DXソリューションマップを活用して検討してきた施策についても、DX施策リスト（図表2－4－3）としてナレッジ化することを推奨する。これにより、他部門やグループ会社への横展開、また、新しい課題が発生した際にも、既存のナレッジを組み合わせることで、以前よりもクイックに課題解決を図ることができるようになる。このDX施策リストもDXソリューションマップ同様、継続的にアップデートしていくことで、DXのナレッジが組

図2-4-3 **DX施策リスト（例）**

DX検討テーマ（例）	DX施策案（例）		
次世代経営改革の推進	中期DX戦略・DX予算編成方針の策定（EA・ITポートフォリオ含む）	デジタル化KPIツリーの全社共通定義と運用	
カスタマーエクスペリエンス（CX）の高度化	カスタマージャーニーマップによる次世代CXの設計と一気通貫（マーケ・営業・コンタクトセンター）のビッグデータ利活用	ユーザー接点におけるCXの仕組みを自動化（UI改善/CRMシステムとの連動/チャットボットなど）	
トップラインを上げるIntelligent Automationへのトランスフォーメーション	デジタルマーケティングによる潜在ユーザー誘引と既存ユーザーの深耕戦略推進	社内外の非定型情報の活用高度化・自動化	
先進デジタルツール活用とプロセス・ルール整備、デジタルデータの共有・統合と利活用	経営・事業プラットフォーム（システム・ツール）の統合と役割・用途の再定義	デジタル活用事例・知見の収集・格納のルール策定、ナレッジDB構築	
デジタル人材のタレントマネジメント推進	デジタル化VMOによるベンダー選定・管理・評価手法の標準化（RFPテンプレート構築など）	デジタル専門機能（DXMO）の定義と既存組織の役割・ミッション再定義	デジタル人材・DXMOのスキル定義・採用・育成（全社のデジタルリテラシー底上げ・デジタル人材のキャリアパス設計）

織知となり、環境変化に対する柔軟性を組織として獲得することができるようになる。

[3] DXの基盤となるIntelligent Automation Platform

DXソリューションマップの基盤要素の中に「Intelligent Automation Platform」(以下、IAプラットフォーム)という概念がある。これは従来のITが提供するようなわかりやすい定量的な削減効果だけではなく、可視化や情報共有などの定性効果が中心となっている。この観点は多くの企業でしばしば見落とされがちな要素であるが、「変化し続ける状態」を目指すDXにおいては欠かせない要素である。

人工知能(AI)、ロボティック・プロセス・オートメーション(RPA)、モノのインターネット(IoT)、ブロックチェーンなど、新しいテクノロジーは無数に存在するが、個別最適化されたツールの導入やシステム開発では、VUCA時代に対応できる「変化し続ける状態」には残念ながら至らない。なぜなら、持続的な変化を実現するためには、テクノロジーそのものをオーケストレート(協奏推進)する基盤が必要になるからである。その基盤となるのが「IAプラットフォーム」(図表2-4-4)である。

ＩＡプラットフォームのコンセプトは、業務プロセスを管理するシステムを中心に、社内のあらゆるテクノロジーをつなぎ、人の要素も含めて統合するという概念である。業務プロセス、テクノロジー、人をプラットフォーム上で統合管理することで、業務の進捗状況、システムの利用状況、エラー情報、各種データが集約され、可視化される。

テクノロジー間の接続は標準化、自動化され（ＡＰＩ）、疎結合であるがゆえに、利用するテクノロジーに変更があった際の影響を最小にすることができる。常に新しいテクノロジーが生まれ、変化し続けることを想定した仕組みである。また、ヒアリングや調査に時間をかけて集

図2-4-4 IAプラットフォームのコンセプト

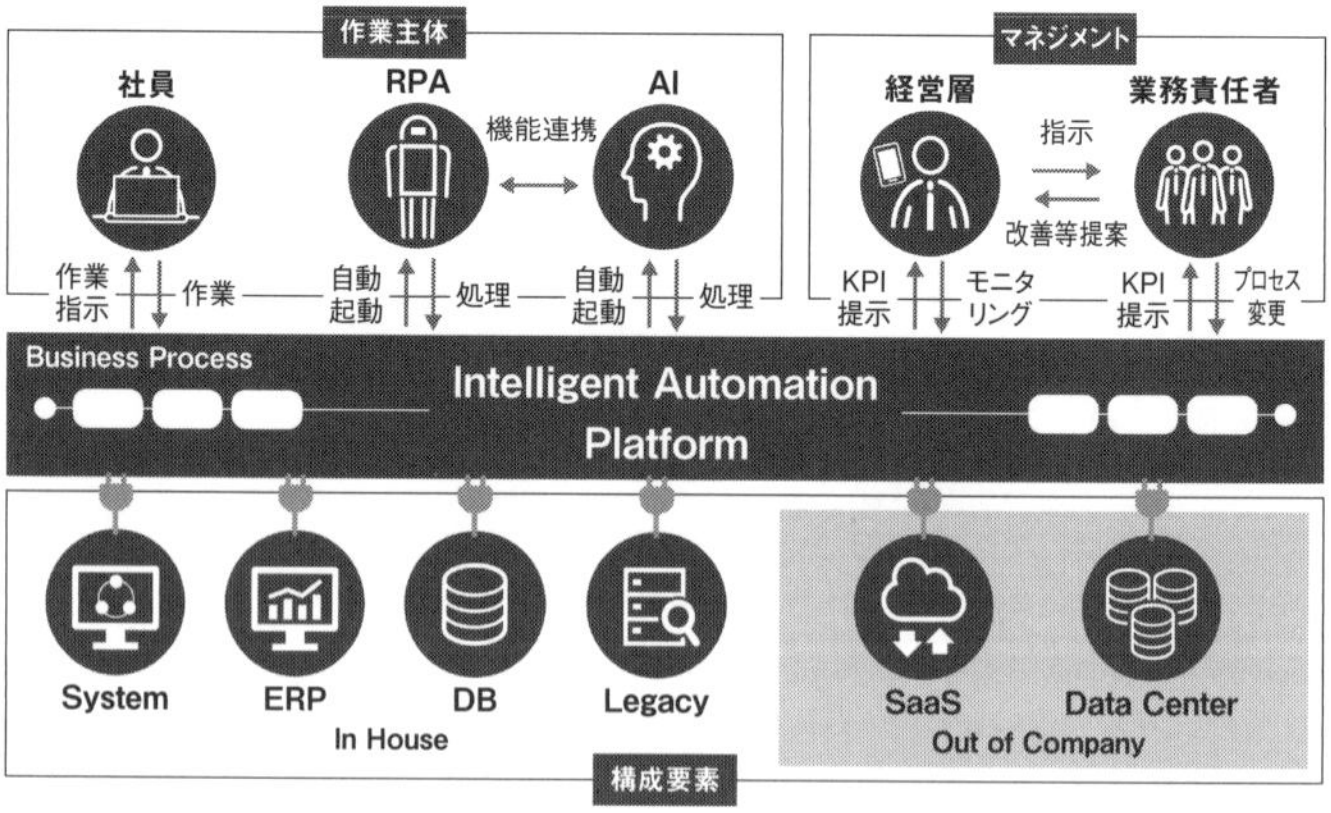

めなければならなかった経営判断に必要な情報が、社内のあらゆるテクノロジーや人をつなぐことによって、即座に収集、可視化できるようになる。これは経営判断の迅速化にも寄与するものであり、経営に資することを目的とするDXにおいて欠かせないテクノロジーであると考える。企業体、またそれに属する社員は、このIAプラットフォームのレーンの上に乗り、企業内のさまざまなデータと共に規定されたアルゴリズムに基づき、自動的、かつ再現性をもって業務プロセスが繰り返されていくのである。人は仕事に従事する際、前の業務やデジタル処理がいつ終わるのか、また、自身の業務の完了後にどこへ情報を渡すべきか、について考える必要がある。この思考・意識のオーバーヘッドは積み上げれば大量の時間となるだろう。IAプラットフォームの実現により、人は、業務に内包される思考・意識から解放される。たとえるならばゴミだらけで流れの悪い河川から、さらさらとスムーズに川下へ流れていく渓谷の河へと変化するのである。

【4】アジャイル開発によるクイックウィン(Quick Win)

多くのデジタル施策にはシステムやアプリケーションの開発を伴う。ビジネス環境の激しい変化に追いつくためには、先進デジタル技術をスピーディに取り込んでいく必要がある。冒頭でも触れたが、DX推進には、従来のウォーターフォール型よりもアジャイル型（図表2－4－5）が有効である。

アジャイル型における要件定義フェーズは、極力、業務フローなどは新規に作成せず、既存の手順書などで要件を確認する。打ち合わせはウォーターフォール型のように数回にわたって実施せず、要点のみを押さえて素早く構築フェーズに移行することを優先する。構築フェーズでも、テスト仕様書などのドキュメントは必要最小限にとどめることが望ましい。ユーザーと開発者を隔てたレビューは実施せず、一体となって検証と実装を進めるのである。

このように開発プロセスを効率化することで、

図2-4-5 ウォーターフォール型とアジャイル型

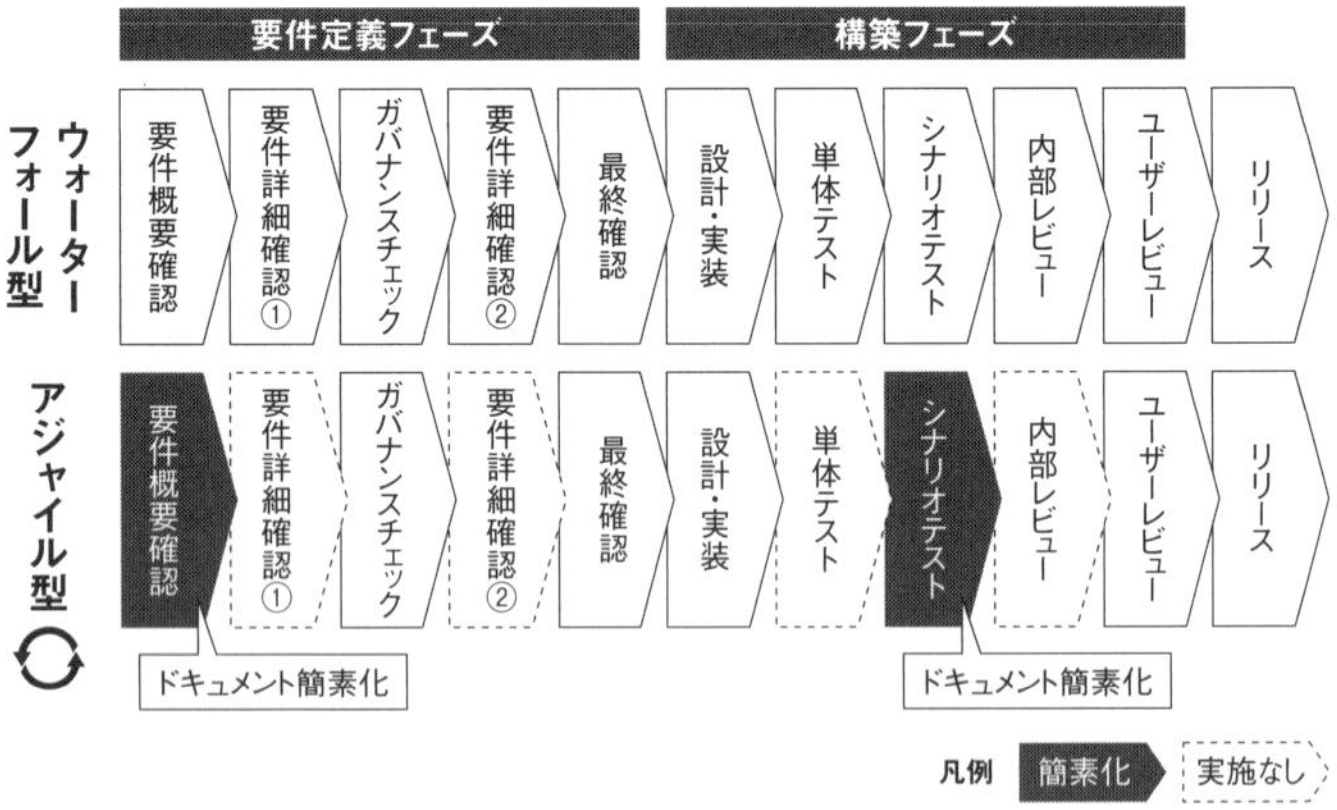

高速でOODA（Observe＝観察、Orient＝状況判断・方向づけ、Decide＝意思決定、Act＝行動）サイクルを複数回すことが可能となり、早期の定着化、効果の刈り取りができるようになるのである。早期に効果が見えることで、ステークホルダーからDXに対する理解が得やすくなり、次の活動への支援が受けられるなど好循環が生まれ、DX推進の持続性を高めることができる。また、アジャイル型の特性上、ウォーターフォール型に比べて要件の追加や変更が容易であり、影響も小さく抑えることができる。アジャイル型はデジタル開発に手戻りが当然発生することを前提とした方法論であり、早期にユーザー目線の要望を取り込むことがポイントとなる。1～2年を要してシステム開発を進める中で、最終フェーズであるユーザーテストや検収時に初めてユーザーがオペレーションし、ふたを開けてみたら使い勝手が悪く、使い物にならないというような悲劇を回避できるのである。つまり、アジャイル型の開発手法は、ビジネス環境の不確実性に対する柔軟性を獲得することができるといえる。

【5】DXにおけるデジタルコスト管理の重要性

DXMO標準化モデルでは、刻々と変わるビジネス環境に即応するため、アジャイル型によるスピーディなDX推進を前提としているが、それを阻害する可能性が高い要因の一つに

「デジタルコスト管理」の問題がある。

具体的には次のような課題が挙げられる。

- 自社のデジタルコストが見えない
- デジタルコストの詳細なファクトデータがないため、デジタルコスト管理担当がマネジメントへ説明責任を果たせない
- デジタル予算管理をＥｘｃｅｌファイルで実施しており、膨大な工数が発生している
- アプリ、サービス別の総所有コスト（ＴＣＯ）やその内訳が見えず、コスト適正化アクションに至らない
- 各部門へ費用負担に向けた説明責任を果たせない

さまざまなＤＸ施策を推進する中で、投資判断が必要になる場面では、コストを可視化しておかなければスピーディに投資判断することはできない。デジタルコストを管理し、常に透明性の高い状態にしておくことは、経営判断のスピード化に資するうえで非常に重要な問題であるといえる。これらの問題点をクリアにし、ＤＸを計画通りに効率的、効果的に推進するためには、デジタルコスト管理に特化したテクノロジーを適用したデジタルコスト管理プロセ

スの再定義が有効である。図表２-４-６にデジタルコスト管理に特化したテクノロジーを適用したデジタルコスト管理プロセスの例を示す。

図表サンプルにおいては、デジタルコストの実績収集にテクノロジーを適用することで、各部門やグループ会社で入力された見込みが自動的に集約され（図版２-４-６内の③）、実績と見込みの集計も自動化されるため（図版２-４-６内の⑥）、ＩＴ部門の手作業の軽減が期待できる。また後続業務の予実差異の確認（図版２-４-６内の⑦）や年間着地の把握（図版２-４-６内の⑧）においては、プロジェクトや勘定科目ごとに、手作業よりも多様な視点で差異の確認ができるようになるため、予実管理の精度の向上が見込めるのである。

図2-4-6 **デジタルコスト予実管理プロセス（例）**

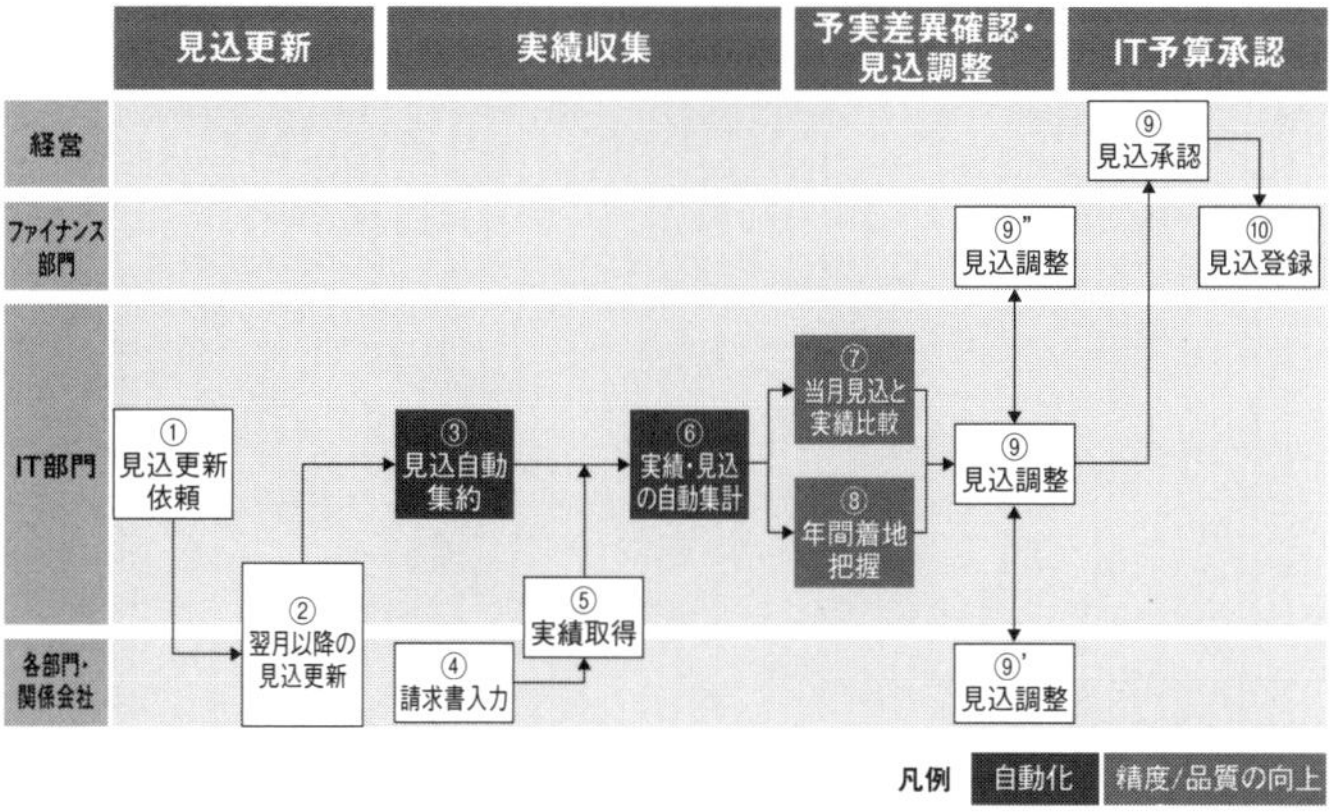

予実管理の精度が向上すると、予実差異の発生原因・課題の特定も容易になる。特定した課題の解消に向けたアクションも取りやすくなる。見込み更新と予実管理をタイムリーかつ高精度で行うことで、常にデジタルコストの状況が把握できるようになり、経営判断をスピーディに行うことが持続的に可能となる。デジタルコスト管理領域から優先的にデジタル化を図ることで、後続の各種ＤＸに係る投資判断を迅速化し、結果としてＤＸ推進全体を効果的に進めることができるようになるのである。

第2章　第4項のまとめ

▼ＶＵＣＡ時代のＤＸ推進やデジタルソリューション適用にはアジャイル開発手法が適っている。

▼ＤＸソリューションマップを、ＤＸＭＯが管理・アップデートしておくことで、事業部門のビジネス課題に対して、最新のデジタルソリューションのメニューを迅速に提示することが可能になる。

▼ＤＸ推進において、持続的な変化を実現するためには、テクノロジーそのものをオーケストレート(協奏推進)する基盤であるＩＡプラットフォームが有効である。

▼デジタルコストを管理し、常に透明性の高い状態にしておくことが、ＤＸ推進において経営判断のスピード化に資するうえで必須である。

第 3 章

全社DXの価値実現に必要なイニシアチブ

全社 DX 推進において、どのような事案に注視し、イニシアチブを取っていくべきか。そしてその先でどのような価値を結実させていくべきだろうか。本章では、我々 KPMG コンサルティングがさまざまな DX 推進中の企業とディスカッションする中で挙がった、“一歩進んだ苦悩”と、その答えについて最新事例に基づき、提言する。読者の皆様にはご自身の状況に照らしつつ読み進めていただきたい。

3-1 DX出口戦略
——DX推進後のワークシフト設計とは何か

DX推進において重要な「戦略立案」「組織構成」「人材要件」について解説してきたが、実際にDX推進を行ううえで、「本当の意味でDXはうまくいっているのか、成功したのか」ということに着眼するために、考慮すべき事案はまだまだあると考える。本項では、DXの成果の刈り取りとなる「DX出口戦略」をテーマとする。業務改革とデジタル技術の導入によって創出される時間、手の空いた人材をどのように付加価値を生む業務にワークシフトさせるべきか、見かけではなく真の成果を得るための進め方を解説していく。

【1】DX出口戦略がなぜ必要か？

「DXMO標準化モデル」においてDXの主たる効果は、業務効率化や生産性向上である。もちろんその延長線上には、ビジネスモデルの変革や新規事業の立案による売上向上などの効果がある前提となるのだが、DX推進時に事業活動を戦略的、構造的に見直したうえで、普段行っている業務のムダやばらつきを効果的なデジタルソリューションの活用によって排除、削減し、自動化することで、人的工数やコストなどの「インプット」を減らしていく。それにより、さらに重要度の高い業務にリソースシフトする「アウトプット」を高めることで、生産性向上が期待できる。また、これらは働き方改革として、社員の満足度や、モチベーションの向上にもつながり、結果的に退職の抑制を含め優秀な人材の安定確保も期待できるのである。

ところがDX推進企業において、DXが組織や社員にとって本当に役に立っているかを確認すると、必ずしもそうでない例が多く見られるのも実態としてある。たとえば、これまで所定労働時間を超えて仕事をしていた社員がDXにより定時に退社できるようになった場合は、残業時間や費用の削減の点で効果があるが、DX推進企業としてのモニタリング状況を詳細に確認すると、実は見かけに過ぎなかったということがままある。重要業績評価指標(KPI)の管理上では効果が出ているものの、実際には成果につながっていなかった、ということなのである。

たとえば、就業規則上、1日7時間労働が前提のなか、残業含め10時間、業務に従事していたとする。デジタル施策の適用により、3時間の効率化が実現された場合、3時間分のオーバータイム支給が削減されるため、企業にとって財務的なプラスのインパクトが生まれる。さらに追加のデジタル施策の適用により、2時間の効率化が実現された場合、その社員は実質、5時間の業務従事で済むことになる。ただこの場合は、給与が削減できるわけではないので、企業にとって固定費削減のような財務的なインパクトはない。そのため、企業としては、せっかく投資をして確保したこの2時間を有効活用しないことには、デジタル施策を追加適用したことは無意味であり、DXが本当の意味で成功しているとは言いがたい。一方で、この社員は創出された2時間をどのような業務に充当するのだろうか。

ここで、英国の歴史学者・政治学者であるC.N.パーキンソン氏によって提唱された「パーキンソン第1法則」(1958年、英国の歴史学者・政治学者シリル・ノースコート・パーキンソンの著作『パーキンソンの法則:進歩の追求』、およびその中で提唱された法則)を紹介する。これは、「仕事の量は、完成のために与えられた時間をすべて満たすまで膨張する」という法則である。たとえば、5時間で終えられる仕事でも7時間の時間を与えられると、人は終えるまでに7時間を費やしてしまうというものである。

　このような状況は、先ほどの事例企業などで実際に起こっていたことなのだ。仕事を効率化しても、社員はまた、新たな定型的な事務作業を作り出したり、これまでよりもゆっくりと仕事を行ったり、必要以上に休憩時間を延ばしたりしてしまうなど、トータルの生産性は以前とあまり変わらない結果になってしまっていた（図表3－1－1）。

　具体的には、

第1法則：仕事の量は、完成のために与えられた時間をすべて満たすまで膨張する

第2法則：支出の額は、収入の額に達するまで膨張する

図3-1-1 効率化してもワークシフトできていない状況

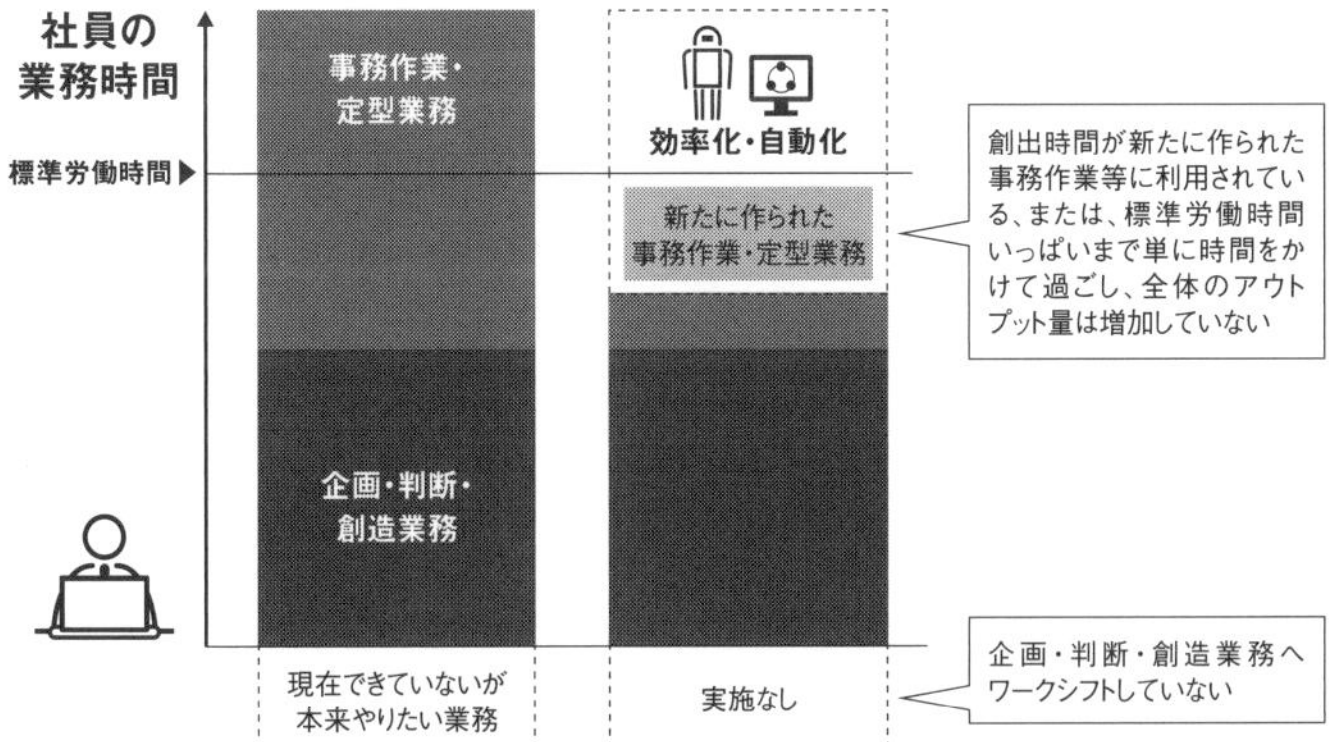

の2つから構成される。

また、こうした企業では事業部門や管理部門で〝DX疲れ〟も発生し、進捗や品質に影響が出て、DX自体の停滞につながりかねない事態に陥っている。

DXで真の成果を得るためには、業務改革とデジタルソリューション導入に加え、創出した時間分のリソースをより重要度の高い業務にシフトするところまで徹底しなければならない。そのために、「DX出口戦略（DX-Exit）」とワークシフト計画を策定していくことが求められる。

[2] DXが創出する時間の効率的な展開（ワークシフト）を実現する出口戦略

❶DX出口戦略（DX-Exit）とは？

ここで言う「出口戦略」とは、軍事用語や金融用語のそれとは異なり、軟着陸や撤退を意味するものではない。DX出口戦略とは、デジタル施策で創出した時間を「企画・判断・創造業務など、重要度が高く付加価値を生み出す領域」に人材リソースを割り当て直して、業務における生産性やクリエイティブ性を高めるための方策である。

「DXMO標準化モデル」に沿って要件定義フェーズを進めると、部門や業務ごとの定量的な削減余地（想定創出時間）が明らかになる。この創出時間を基に残業時間の削減や付加価値の高い業務を考慮しながら、人がやるべき業務を整理・再定義し、人材を有効活用するワークシフトビジョンを具体化することで、DX推進における真の成果が期待できるのである。DX出口戦略の策定〜実行アプローチのあるべき姿は次の通りである。

- 全社戦略や事業戦略の達成に必要な、重要度が高く付加価値を生み出す業務が明確に定義されている
- DXによる創出時間を重要度が高く付加価値を生み出す業務に充てること、リソースを確保できることが明確になっている
- デジタル施策の適用におけるワークシフト計画と必要な教育計画が立案され、デジタル施策適用後も、計画通り実行されている

❷DX出口戦略の事例

大手航空会社では、DX出口戦略を策定して、DXを推進している（図表3－1－2）。

DXを推進する以前の同社は、生産性の低い単純作業に多くの社員を割いていたのだが、新システムの刷新時に、より高度かつ範囲の広い業務対応を目指してDXに着手した。個々の部門・グループを単純作業から解放して、付加価値が高い本来業務（クリエイティブ業務）の遂行を目標にDXを進めている。

❸ワークシフト先を定義、実施するアプローチ

DX出口戦略の策定は、DX推進の初期（計画立案時）から、デジタル施策ごとにワークシフト定義に着手をする。業務効率によって時間創出がなされた後になって、初めて担当者に新しい業務を任せようとしても、スキル面やマインド面がアンマッチし、困難が生じる場合もあれ

図3-1-2 大手航空会社でのDX出口戦略（事例）

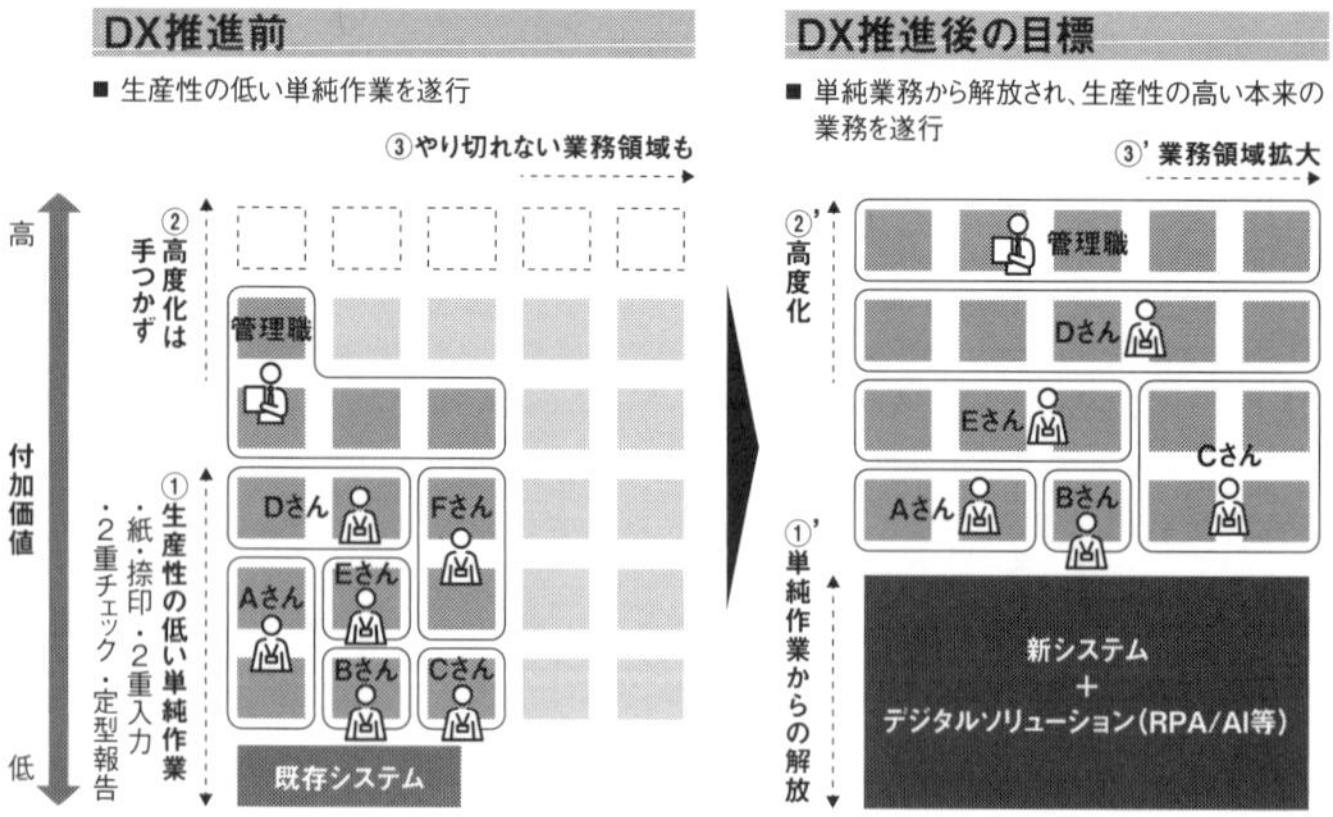

ば、近々異動が発生する、というケースもある。初期段階、つまり計画立案時から創出時間、手の空いた人材の有効活用方法を検討しておき、DX出口戦略のワークシフト計画がDX専門組織や関係役員などからレビューを受け、承認されなければ、要件定義フェーズに進むことができない、くらいの重要なマイルストーンとして捉えるべきである（図表3－1－3）。

ステップ1：付加価値業務の明確化（効率化後の業務ビジョンと業務要望の明確化）

付加価値業務とは、売上向上や競争優位を形成する業務であり、企業・組織の存続にかかわり、特に拡大・強化すべき業務である。新規事業開発、新商品企画、顧客への提案活動、業務改善活動といった企画・判断・創造業務が挙げ

図3-1-3 アプローチ全体像

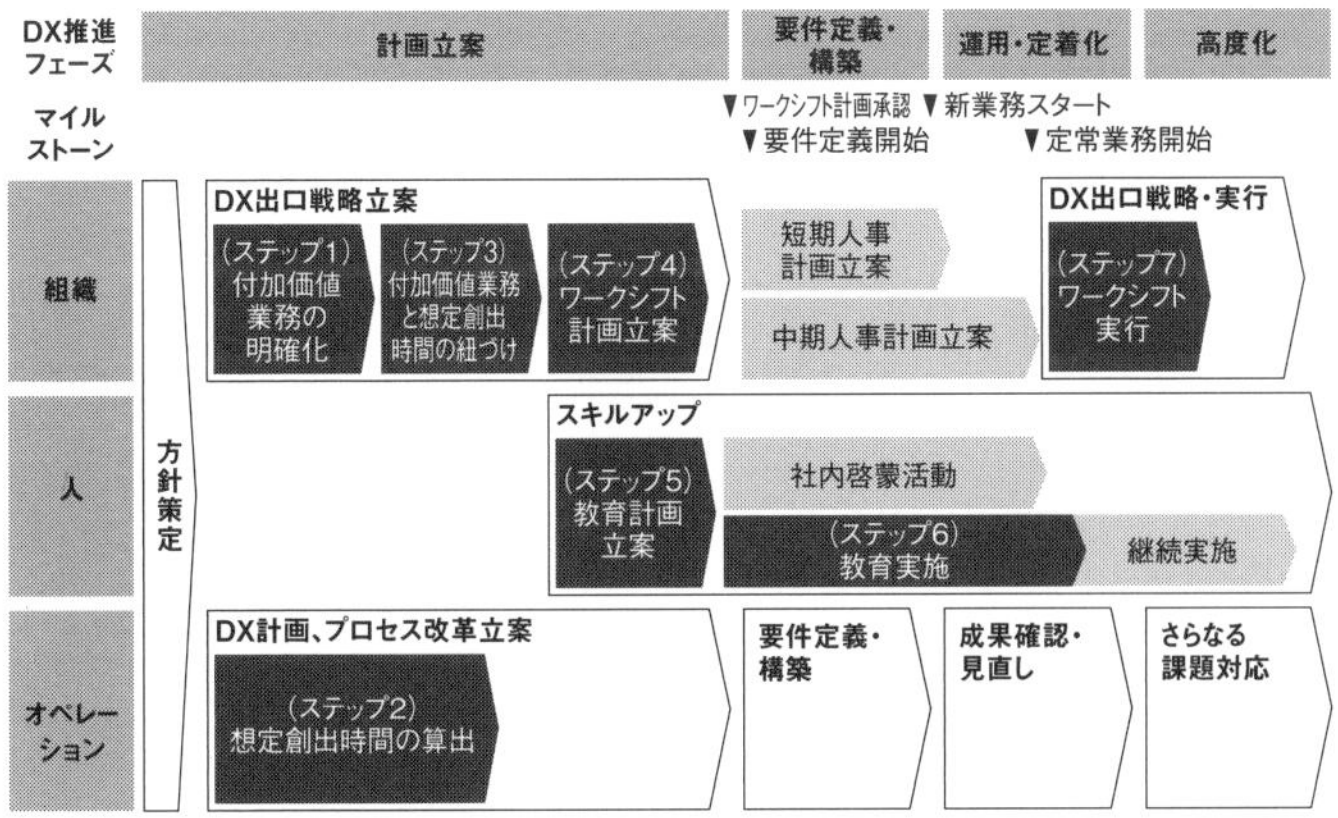

られる。DX出口戦略立案の初期ステップは、これらを明らかにすることである。すなわち、「会社や事業部にとって行うべき業務ビジョンは何か」「付加価値の高い業務は何か」「業務効率化後の創出時間を使うべきコア業務は何か」を明確に特定・整理・定義するのである。

経営視点から現場までを網羅的に把握するため、役員、管理職、一般社員の各層に対して、アンケートまたはインタビューで確認する。それぞれの確認視点を次に示す。各職位の層に対して複数名に確認していく（図3-1-4）。

●役員：経営的、全社的な業務ビジョンやトップの想い、経営的な課題感を確認する。全社的な事業・組織に基づいた業務要望（管理職にどのような業務へワークシフトさせたいか）を確認する。

●管理職：担当する部や課における業務ビジョンと、課題感、自身が担当する部や課での業務要望を確認する。業務要望には、管理職自身のワークシフト先と、部下のワークシフト先の両方が含まれる。

●一般社員：自身の担当領域での課題や業務要望（自身がどのような業務へワークシフトしたいか）を確認する。業務要望には、まったくの新規業務とこれまで行っているが時間が足りず十分にできていない業務の両方が含まれる。

確認結果について、それぞれの層内での共通意見や意見の差などを整理する。各層間の共通意見や相違は、2つ先の「ステップ3：付加価値業務と想定創出時間の紐づけ」で改めて整理を行う。

ステップ2：想定創出時間の算出

ステップ2は、ステップ1と並行して現状業務の初期調査を行い、想定創出時間（ワークシフトの源泉）を算出するステージである。まず、対象範囲の現状業務を洗い出し、業務概要、使用システム・ツール、作業頻度、作業時間、顕在課題・リスクなどを一覧化したDX施策候補リストを作成する。すべての業務を改善対象とすると、効果の小さな業務もあり非効率なので、重点となる改善対象（工数負担、ミス頻度・影響度、

図3-1-4 業務ビジョンと業務要望の確認方針

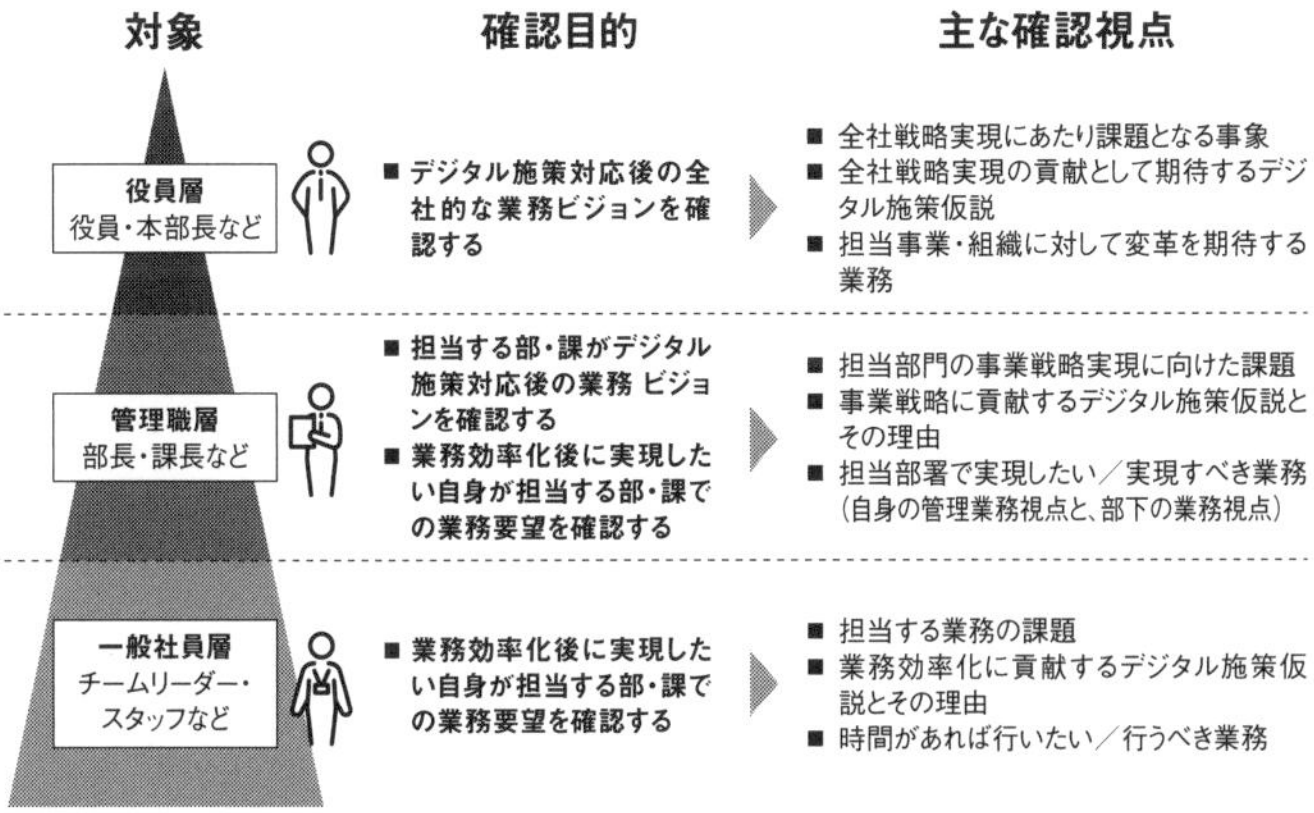
対象
確認目的
主な確認視点
役員層
役員・本部長など
■ デジタル施策対応後の全社的な業務ビジョンを確認する
■ 全社戦略実現にあたり課題となる事象
■ 全社戦略実現の貢献として期待するデジタル施策仮説
■ 担当事業・組織に対して変革を期待する業務
管理職層
部長・課長など
■ 担当する部・課がデジタル施策対応後の業務 ビジョンを確認する
■ 業務効率化後に実現したい自身が担当する部・課での業務要望を確認する
■ 担当部門の事業戦略実現に向けた課題
■ 事業戦略に貢献するデジタル施策仮説とその理由
■ 担当部署で実現したい／実現すべき業務（自身の管理業務視点と、部下の業務視点）
一般社員層
チームリーダー・スタッフなど
■ 業務効率化後に実現したい自身が担当する部・課での業務要望を確認する
■ 担当する業務の課題
■ 業務効率化に貢献するデジタル施策仮説とその理由
■ 時間があれば行いたい／行うべき業務

リードタイム超過、コンプライアンス順守度など）を仮説的に考えたうえで、重点となる改善対象に応じて優先度の高い業務を中心に10～15パターン程度に整理していく。

次に、この整理した10～15パターンの業務内容を定型・非定型に分類し、定型業務を中心に業務の見直しを行いながら、効率化に寄与するデジタル施策を検討し、改善後の業務を導いていく。業務の見直しでは、業務目的から本当に必要かという視点で業務そのものを排除・削減できないか、効率化や品質向上の視点で自動化・容易化・集約化・標準化できないか、価値創出の視点で強化および人がやるべき仕事はどこかを検討する。ステップ1で得た「期待する業務／行うべき業務」や「デジタル施策仮説」も参考にする。

最後に、現状業務とＤＸ後の業務を比較して、「工数削減余地＝想定創出時間」を算出する。これがワークシフトの源泉である。ＤＸ出口戦略では、想定創出時間を次ステップのインプットとしても活用するが、デジタル施策の導入プロセスとしては、この後に効果の見込まれる業務に対して、要件定義フェーズに進めて詳細に現状業務をインタビューし、具体的な改善後のプロセスを描いていく。

ステップ3：付加価値業務と想定創出時間の紐づけ

ステップ3は経営層の視点から行ってほしい業務と現場の社員が行いたい業務、行うための時間を一つにつなげるステージである。

全社経営・デジタル戦略は日々のオペレーションに反映されなければ、新たな価値を生み出すことができない。経営層・管理職の想いを改善後の現場で具現化できる準備として、ステップ1で役員と管理職にヒアリングした「全社戦略・業務ビジョン」と、管理職・一般社員よりヒアリングした「効率化後に行いたい業務要望」を紐づけたうえで、「効率化後に行いたい業務要望」とステップ2で得た「想定創出時間」を紐づけていく。これらの紐づけがうまくいかない場合は、次のような再検討が必要になる（図表3－1－5）。

- 「全社戦略・業務ビジョン」と「効率化後に実行したい業務要望」の間でズレがある場合は、全社戦略・業務ビジョンが社員へ浸透していない可能性があり、社員への啓蒙活動の強化を検討する。
- 「全社戦略・業務ビジョン」と「デジタル施策」の間でズレがある場合は、そもそもの全社戦略・業務ビジョンとデジタル施策との整合性に不備がある可能性があり、デジタル施策の見直しを検討する（この、「逆方向の体系再整理」をＫＰＭＧコンサルティングでは“DX-Rebuild”アプローチと称している)。

●「効率化後に実行したい業務要望」と「想定創出時間」の間でズレがある場合は、改善業務の対象範囲が小さい、効果の小さいデジタル施策を選定している可能性があり、現状調査を見直す。

ステップ4：ワークシフト計画の立案

ステップ4は、DX推進スケジュールや、次に示すステップ5のスキルアップ、教育計画の立案と連携しながら、「いつまでに」「どの業務のワークシフトを完了させるのか」「そのためにどのような教育を行うのか」、タスクとスケジュールを明確化するステージである。

既存業務から何人をどの業務にシフトするか

図3-1-5 付加価値業務と想定創出時間の紐づけおよび検証のアプローチ

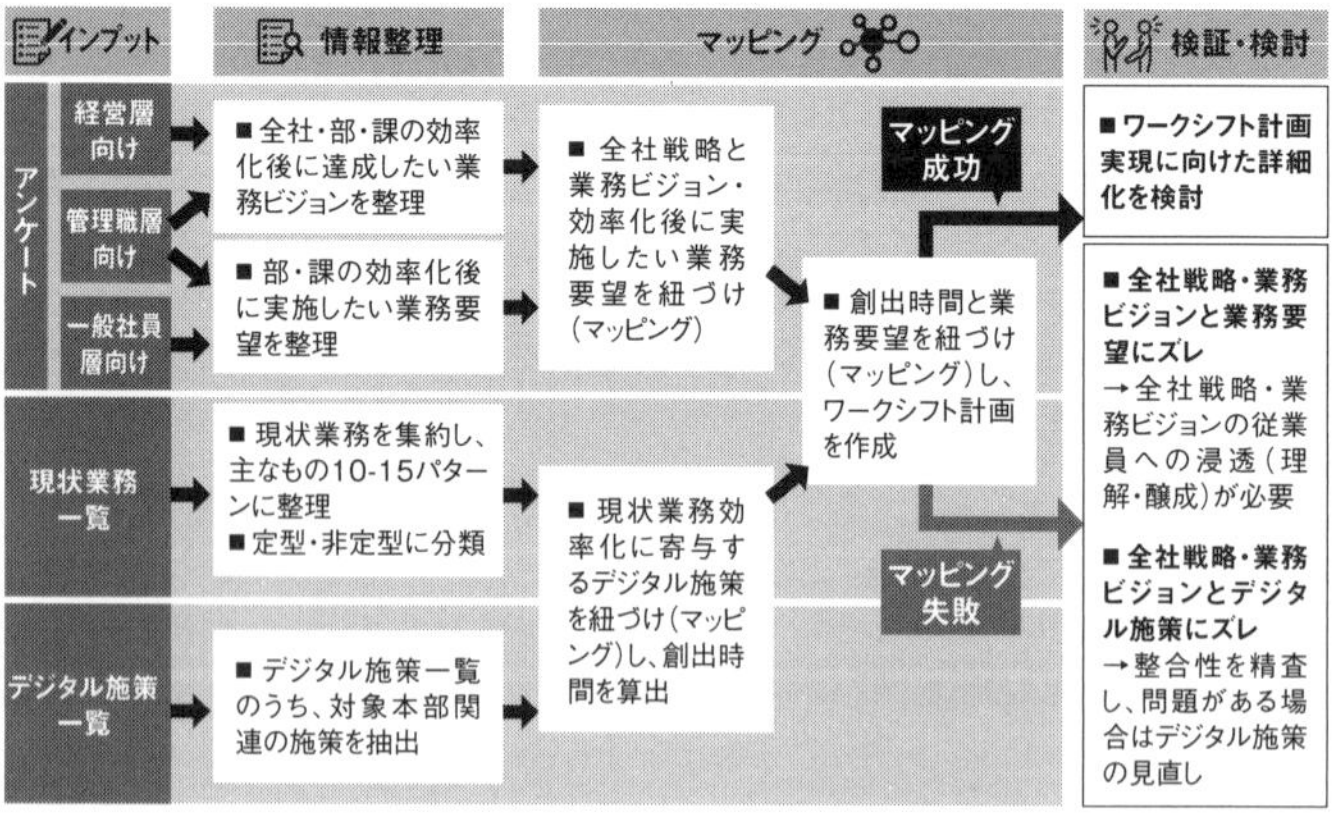

を試算し、新たな業務で必要なスキルを確認していく。なお、スキル要件の策定方法については、本書、第2章 第3項「ＤＸ専門組織のメンバーに求められる人材像とキャリアパス（ＤＸ人材モデル）」を参照していただきたい。

ワークシフトによって現在の組織構造と大きく変わる可能性がある場合は、人事部門と連携のうえ、新しい組織構造を踏まえた中期的な人事計画も検討しておくことを推奨する。人材の役割変更や異動について、前向きでない管理職もいるが、ここを疎かにしてしまっては、生産性向上は見込めず、真の成果につながらないことを肝に銘じて、全社一丸となって取り組むことが肝要である。社員の変革への意識が醸成されていない場合は、ＤＸの方向性や目的、社員のためであるというメッセージとあわせて、改めて社内への啓蒙活動を行っていくのである。

ステップ５：教育計画立案（リスキリング計画）

ステップ５の位置づけとしては、「ステップ４：ワークシフト計画の立案」の一部である。ワークシフト後を見据えて、自動化された業務や、付加価値を生む新しい業務を遂行できるスキルアップ教育（リスキリング）を計画する。計画書などの形で、目的、目標、対象範囲、教育方法、目標管理方法、タスク、スケジュール、推進体制、課題・リスクなどをまとめていく。

教育方法として、座学研修と実務（ＯＪＴ：On The Job Training）を組み合わせると効果が高まると我々は考える。座学研修の講師は社内外どちらでもよいが、組織的な弱点に合わせてカリキュラムを組むことが望ましく、一部の企業では定期的に社員のデジタルスキル／リテラシーを測定する取り組みを進めている（第４章第２項　社員のＤＸ理解度を評価・把握し、向上を図る『DX-Education』を参照）。ＯＪＴでは、個人別の弱点を踏まえながら現場教育で実オペレーションスキルを中心に強化する。実務の中で課題や壁に気づいた場合、座学研修を受けられるような仕組みを整える。目標管理の方法では、定期的にスキルを測定し、目標に対する達成状況と改善策の検討を行う。

付加価値を生む新しい業務へのアサインは、能力の高い社員から優先して選抜し、チャレンジできる役割や活躍の場を提供しながら、能動的に取り組むように計画する。今後のキャリアパスも検討しておくとよいだろう。最低でも半年は教育期間としてスケジューリングする。

ステップ６：スキルアップ教育（リスキリング）実施／ステップ７：ワークシフト実行

ステップ６は、計画に基づいて次世代を担うスキルアップ教育（リスキリング）を実施し、計画に基づいてワークシフトを進めるステージである。高いスキルを要する業務や、目標に対するスキルの進捗が著しく悪い場合は、外部人材の採用も検討する。また、ステップ7のワークシフト実行は現場に任せるのではなく、ワークシフト状況を定期的にモニタリングし、進捗に応じて教育方法や対象業務の見直しなど、組織的に改善活動を行うことが重要である。

第3章　第1項のまとめ

▼デジタル施策適用により生まれる余剰時間を有効活用しないとデジタル施策適用は本当の意味で成功しているとは言いがたい。

▼DXで真の成果を得るためには、デジタル施策適用後のワークシフト計画、つまりDX出口戦略（DX-Exit）を立案するべきである。

▼ワークシフト先になり得る付加価値業務の特定は、役員層・管理職層・一般社員層の意向に基づいて進めるべきである。

▼付加価値業務と、デジタル施策適用による想定創出時間との紐づけを行い、ワークシフト計画の蓋然性（確からしさ）を検証し、ワークシフト実行後も結果を継続的にモニタリングし、計画を適宜修正していくべきである。

3-2 DX専門組織の推進事例と成功のポイント（DXガバナンス）

実際に全社DXを進めるうえで最も重要なポイントの一つとなるのは、「DXガバナンス」である。本項では、さらに一歩踏み込み、DXで全社推進を実行する際にDXガバナンスを確立する重要な5つの要素（図表3－2－1）と、各要素を進める際のポイントについて、事例を交えて解説していく。

【1】DX全社推進を実行する際に重要なDXガバナンス確立の5つの要素

全社DXにおける戦略・組織／人材・テクノロジーに係る大きな方向性やフレームワークがいくら合理的で優れたものであっても、組織階層や部門間の関係が複雑化すればするほど、実際の推進に当たっては、さまざまな障壁が立ちはだかる。このことを肌で感じられている読者も多いのではないだろうか。役員、管理職層、一般社員層のすべてのステークホルダーが、「DXそのものの概念」や「DXの必要性」に納得感を持ったうえで、協業的かつ継続的に全社DXを推進するためには、ポリシーやルールを明確に定義し、定常的に状況をモニタリングしていく、「DXガバナンス」を確立することが肝要である。DXガバナンスの確立に向けて、「情報」「プロセス」「モノ(施策)」「カネ(予算/原資)」「ヒト(組織)」の5つの要素において、ポリシーやルールを定義することが極めて効果的で効率的であると我々KPMGコンサルティングでは考えている。

図3-2-1 DX全社推進に必要なDXガバナンス確立の5要素

DXガバナンス確立要素	目指す姿(状態)
情報	■各事業部門で推進しているデジタル施策の情報が集約され、案件情報・ナレッジを含めてプログラムマネジメントによる最適化が実現できる ■デジタルに関する問い合わせが集約された状態となっている
プロセス	■いつ、誰が、何を、どの順番で実施すべきか、のルールが明確で、遵守されている状態 ■プログラムマネジメントに基づく、デジタル施策ライフサイクル全体の一貫した再現性のある最適化されたプロセス運用が可能
モノ(施策)	■各デジタル施策が体系的な戦略の一部(戦術)として機能し、経営に資する事ができる ■経営に資する形で、各デジタル施策の優先度や実施時期が明確になっている
カネ(予算/原資)	■デジタル予算の計画/管理、用途や適用基準が明確であり、投資対効果が評価可能 ■各事業部門個別のデジタル支出と全社デジタル予算の統合/使い分けが最適化されている
ヒト(組織)	■デジタル施策推進に係る組織・要員が各事業部門との人員配置とのバランスを鑑み、自社にとって、役割分担含め、最適化されている

❶DXガバナンスを実現する「情報」の一元化・モニタリング・発信

ある総合商社は、「全社でDXを推進しているが、各事業部門で推進されているデジタルプロジェクトの進展や効果、投下されているコストなどあらゆる情報が見えておらず、DXがうまくいっているのかもわからない」という課題を抱えていた。その不透明性により、DX推進チームからは、「全社的に〝DX疲れ〟が発生しているのではないか」という発言さえもあった。このような状況下での課題の解決には、各事業部門が推進予定のデジタルプロジェクトをまず起案し、DX推進チームがその内容を精査し、情報を一元管理しつつ、モニタリング（プログラムマネジメント）を行い、場合によっては社内への情報発信をしていくルールを制定することも推奨される（図表3－2－2）。

当該ルールの運用化については、各事業部門とDX専門組織とのパワーバランスにより成否が分かれる。各事業部門の発言力・決定権がより強い企業においては、あくまでデジタルプロジェクトの収集・モニタリングのみ行う「ソフトガバナンスの施行」にとどめることが重要である。各事業部門の方向性を軌道修正するところまでは踏み込まず、助言やアドバイスのみを行う。

その反対に、ＤＸ専門組織の発言力・決定権がより強く、ＤＸ推進をトップダウンで行える企業においては、起案されたデジタルプロジェクトに対し、Ｇｏ／ＮｏＧｏを決定する「ハードガバナンスの施行」が可能となる。また、モニタリングを行ううえで、非効率・低効果な推進の状況が検知・評価された場合は、プロジェクトの方向性の軌道修正を勧告、指示していく。

いずれにせよ、情報一元化をし、「どこで、どのようなデジタルプロジェクトが推進されており、効果や投下コストはいかほどか」について可視化し、透明性の向上を図ることが、ＤＸガバナンス確立の第一歩となる。なお、ＤＸ専門組織がＤＸ推進においてモニタリングす

図3-2-2 DX推進要素「情報」のあるべき姿

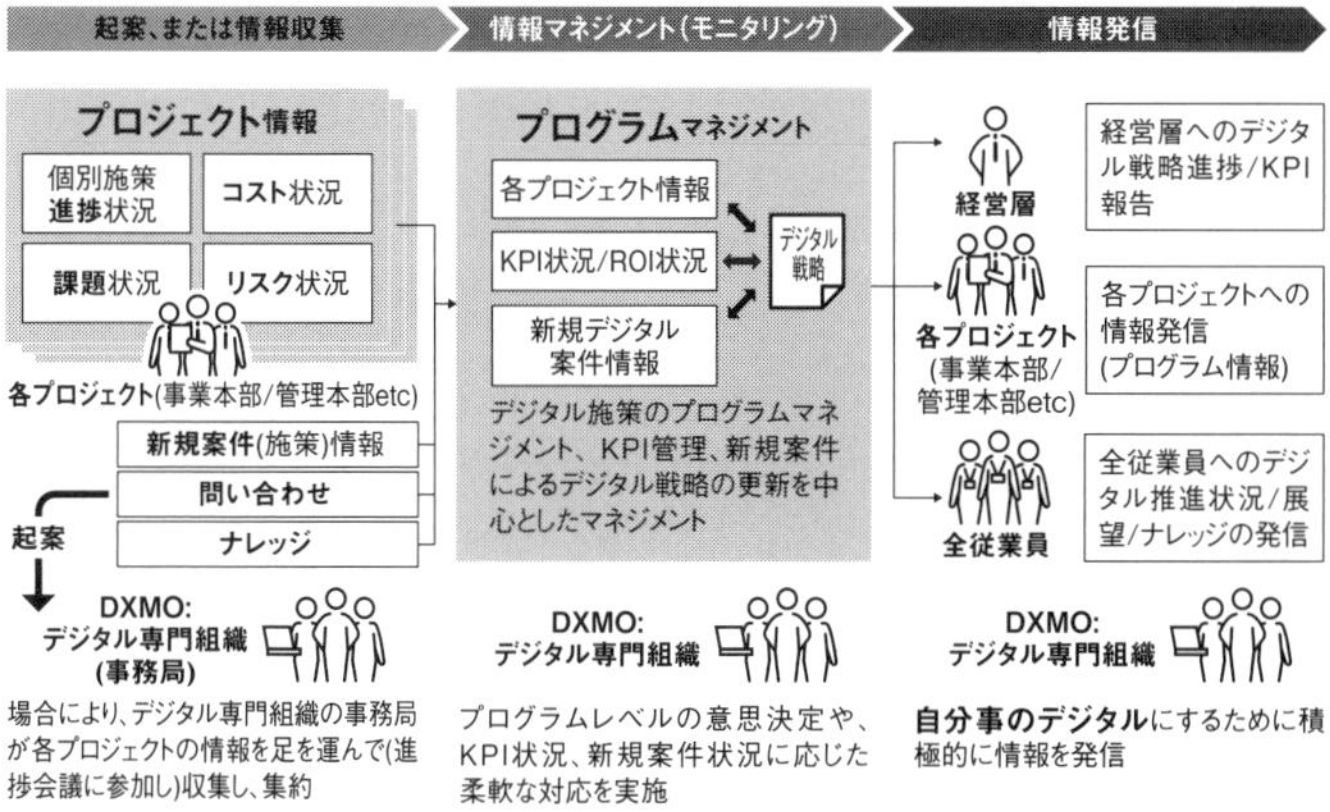

図3-2-3 DX推進要素「情報」のフェーズ別の管理データ項目（例）

フェーズ　　　必須　自動　任意　★DX専門組織がサポート

A. 共通				
1. 案件管理番号	3. 関連案件管理番号★	5. 起案担当者	7. 案件種別	9. 起案の目的★
2. 案件名	4. 起案部門	6. 起案日	8. 案件フェーズ	10. DX区分

B. 案件起案(Qualify)	C. 案件実施/導入中(Management)	D. 導入完了/モニタリング(Evaluation)
1. 起案の背景や課題	1. 導入ステータス	1. 事業戦略に対する効果
2. 紐づく事業戦略	2. スケジュール遅延	2. 効果額実績
3. 解決案	3. RFI提出予定日/実績日	3. 投資額実績
4. 導入が想定されるデジタル技術	4. RFP提出予定日/実績日	4. 運用体制
5. 想定されるベンダー	5. コンペ実施予定日/実績日	5. 他業務・事業部への展開可否★
6. 想定される効果範囲	6. 採用ベンダー名	6. 人財のワークシフト状況★
7. 効果見込額/根拠	7. ベンダー契約予定日/実績日	7. 導入後モニタリングコメント
8. 創出時間とワークシフト先	8. 導入サービス名	
9. 予算額	9. サービスライセンス取得予定日/実績日	
10. 他部署導入実績★	10. IT機器調達予定日/実績日	
11. テスト環境準備★	11. 要件定義完了予定日/実績日	
12. IT機器調達要否	12. 設計/開発完了予定日/実績日	
13. NW構成変更要否	13. テスト完了予定日/実績日	
14. 予算種別	14. 移行・導入予定日/実績日	
15. 社内体制・役割	15. カットオーバー予定日/実績日	
16. DX組織の関与希望★	16. 進捗状況	
17. 社内セキュリティポリシーへの抵触可能性★	17. 社内セキュリティポリシーへの抵触有無/回避方法★	
18. 内部統制抵触可能性★	18. 内部統制抵触有無/回避方法★	
19. 案件実施予定期間		
20. 起案部門決裁日		
21. DX案件審査会申請日/承認日		

べきデータ項目は、デジタルプロジェクトの推進フェーズにより、「A．共通（常に管理すべき項目）」「B．案件起案（Qualify）」「C．案件実施／導入中（Management）」「D．導入完了／モニタリング（Evaluation）」の４種で構成される（図表３－２－３）。

これらの情報を、フェーズ別に収集・分析し、自社にとってＤＸが効果的で実効性があるのか、迅速かつ継続的に評価し、全社ＤＸの成功へと軌道修正しつつ、旗振り役としてサポートすることもＤＸ専門組織の重要な責務なのである。

❷ＤＸガバナンスを実現する「プロセス」の標準化

ある事務機器メーカーは、デジタルプロジェクトの情報収集や一元化の必要性を理解し、それを目指して取り組みを進めていた。しかし、「各事業部門が自由にＤＸの取り組みを進めており、ＤＸ専門組織が把握しきれないシステム利用（シャドーＩＴ）の存在や、二重投資の発生に歯止めが利かない」という課題を抱えていた。全社ＤＸ戦略に整合しないシステムが増殖し、再利用・横展開が可能なノウハウが活用されないといった非効率性に悩まされていたのである。

このような状況の解決には、デジタルプロジェクト推進に係るマネジメントプロセスを定義することが推奨される。「デジタル案件起案・承認」→「DX予算化」→「デジタル施策推進体制検討・構築」→「概念実証（PoC）実施」→「本格展開」→「運用保守」といったマネジメントプロセスのフローを策定・描画していく（図表3－2－4）。DX推進の各ステージにおいて、各事業部門、DX専門組織、IT部門が行うべきアクティビティと、連携先部門、連携すべき情報を標準化し、このプロセスを順守・徹底するようルール化・全社教育・定着化を促すことで、シャドーITや二重投資の発生を未然に防ぐことができる。また、役割が混同しがちな、IT部門とDX専門組織との担当範囲も明確になり、正しく最適なDXの推進に寄与するDXガバナンスがさらに強化されるのである。

図3-2-4 **DX推進要素「プロセス」のあるべき姿**
（デジタル案件起案・承認、予算化の例）

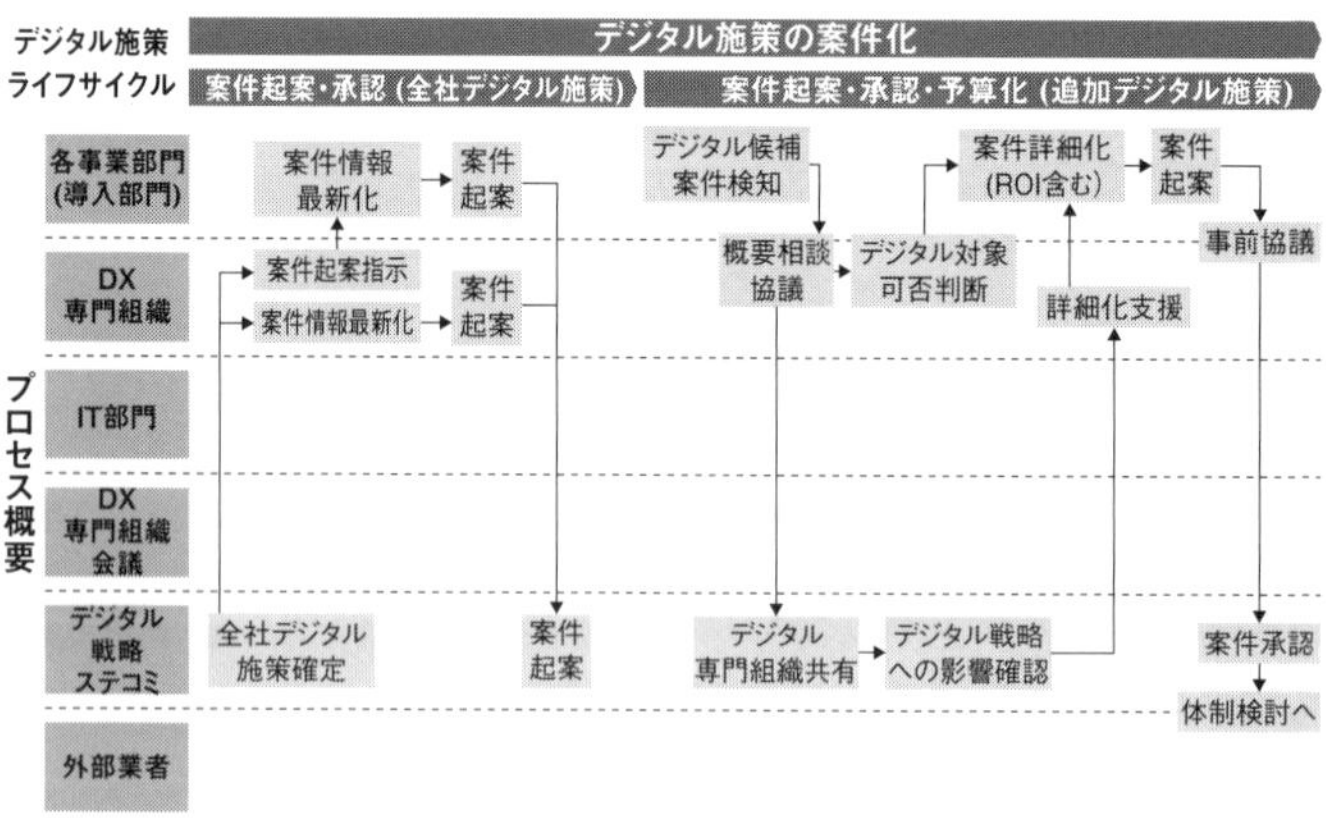

❸DXガバナンスを実現する「モノ（施策）」の優先度評価と計画策定

ある化学品製造業の企業は、事業部からさまざまなデジタルプロジェクトの収集・一覧化ができたものの、投下可能なDX予算の中で、「どのデジタルプロジェクトから開始・推進させるべきか、デジタル施策の優先度評価ができず、どのように計画化すればよいのかわからない」という課題を抱えていた。このような状況の解決には、デジタルプロジェクトにおける「モノ（施策）」の優先度決定の基準項目を定義することが推奨される（図表3－2－5）。

「❶DXガバナンスを実現する「情報」の一元化・モニタリング・発信」および「❷DXガバナンスを実現する「プロセス」の標準化」で述べたように、企業内のデジタルプロジェクトを規定のプロセスに則り一元化する際、「事業部門からの起案」というゲートを設ける。その際、次に挙げるような評価基準の情報も併せて事業部から提示するルールとするとよい。

1　法規制対応／業界規制対応か否か
2　重要戦略（特命）案件対応か否か
3　対外的期限付き案件か否か
4　グループ内規制対応か否か

5　セキュリティリスク回避対応か否か

6　狙いは収益増加か、費用削減か

7　狙いは顧客満足度向上か

8　狙いはシステムユーザー満足度の向上か

9　投資対効果（ＲＯＩ）はどれほどか

10　新規性・先端性はあるか

11　全社戦略との整合性はとれているか

この内容を基に、ＤＸ専門組織が分析・評価を行っていく。

企業により、重要視したい基準

図3-2-5 DX推進要素「モノ（施策）」の優先度決定基準項目（例）

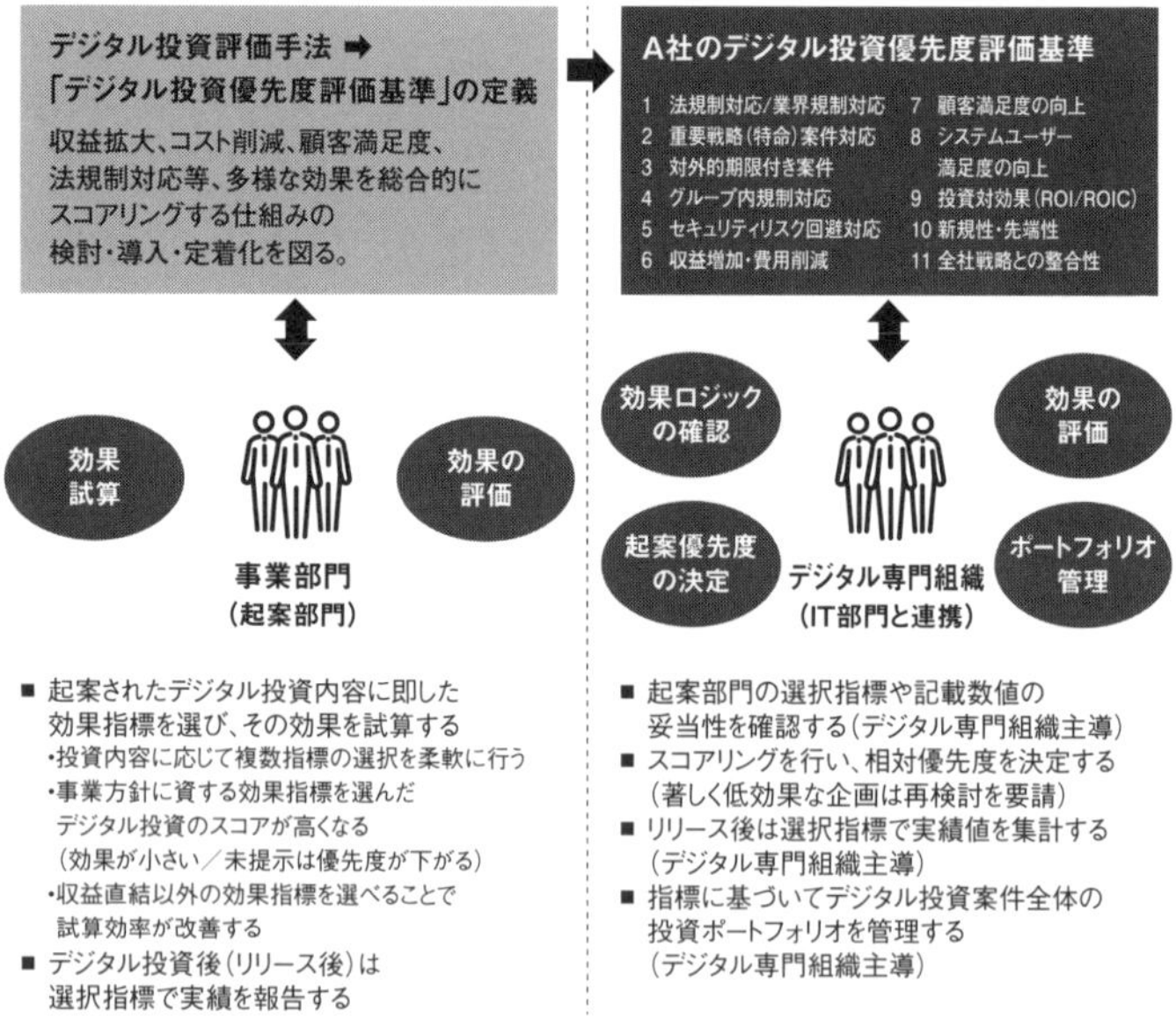

デジタル投資評価手法 ➡
「デジタル投資優先度評価基準」の定義
収益拡大、コスト削減、顧客満足度、
法規制対応等、多様な効果を総合的に
スコアリングする仕組みの
検討・導入・定着化を図る。
A社のデジタル投資優先度評価基準
1 法規制対応/業界規制対応
2 重要戦略(特命)案件対応
3 対外的期限付き案件
4 グループ内規制対応
5 セキュリティリスク回避対応
6 収益増加・費用削減
7 顧客満足度の向上
8 システムユーザー満足度の向上
9 投資対効果(ROI/ROIC)
10 新規性・先端性
11 全社戦略との整合性
効果試算
効果の評価
事業部門（起案部門）
効果ロジックの確認
効果の評価
起案優先度の決定
ポートフォリオ管理
デジタル専門組織（IT部門と連携）
■ 起案されたデジタル投資内容に即した効果指標を選び、その効果を試算する
・投資内容に応じて複数指標の選択を柔軟に行う
・事業方針に資する効果指標を選んだデジタル投資のスコアが高くなる（効果が小さい／未提示は優先度が下がる）
・収益直結以外の効果指標を選べることで試算効率が改善する
■ デジタル投資後（リリース後）は選択指標で実績を報告する
■ 起案部門の選択指標や記載数値の妥当性を確認する（デジタル専門組織主導）
■ スコアリングを行い、相対優先度を決定する（著しく低効果な企画は再検討を要請）
■ リリース後は選択指標で実績値を集計する（デジタル専門組織主導）
■ 指標に基づいてデジタル投資案件全体の投資ポートフォリオを管理する（デジタル専門組織主導）

項目は異なるため、それぞれ比重係数を考慮・決定したうえでスコアリングを行い、「自社にとってより優先的に計画・推進するデジタルプロジェクト」を定量的なアプローチでソートし、順序を決定していくことが推奨される。ただ、このような案件特性のみでデジタルプロジェクトの優先度を決定し計画化するだけでは、まだ全社DXを効率的に進められるか否か判断できず、その成功にはリスクが潜むこととなる。

デジタルプロジェクトには、「先行順序制約」という概念が存在する。デジタル施策の適用効果を最大化するために、先行して実施すべき施策を特定し、実施順序を特定することが重要である。たとえば、「A.顧客体験（CX）の向上を目指した顧客視点のデジタルサービス開発」と「B.マーケティング部門・営業部門・カスタマーサポート部門の保有する顧客情報の一元化データベースの構築」という2つの施策が立案された際、まずB施策を行い、顧客情報を組織横断的に一元化した後に、そのデータを最大活用し、A施策である顧客視点のデジタルサービス開発を推進した方が、より効果の高い成果が得られることは明らかである。図表3-2-6は、あるグローバル製造業の企業で実施したデジタルプロジェクトの先行順序制約を検討した例である。

図3-2-6 デジタルプロジェクトの先行順序の制約を検討した例

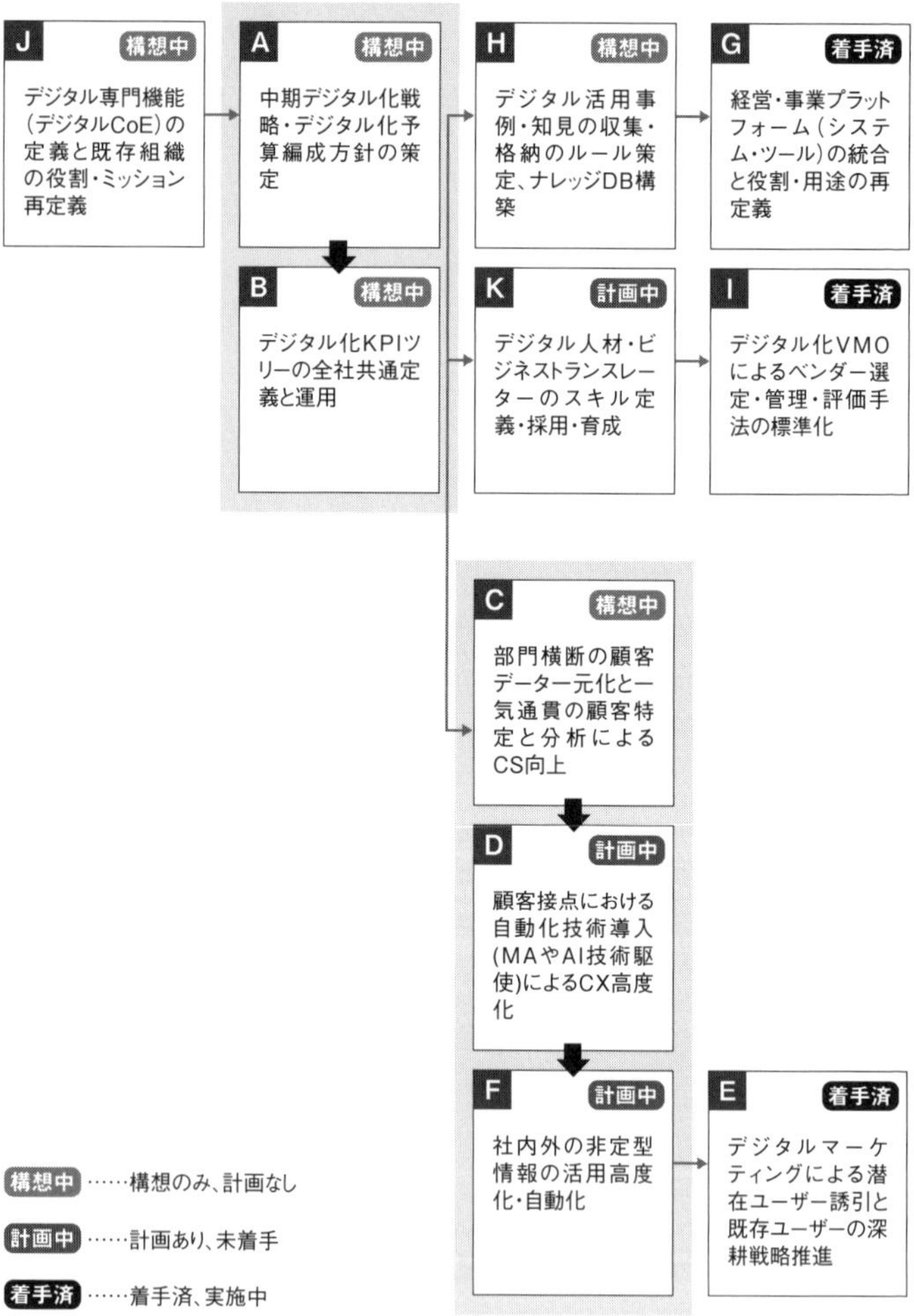
J 構想中
デジタル専門機能(デジタルCoE)の定義と既存組織の役割・ミッション再定義
A 構想中
中期デジタル化戦略・デジタル化予算編成方針の策定
H 構想中
デジタル活用事例・知見の収集・格納のルール策定、ナレッジDB構築
G 着手済
経営・事業プラットフォーム(システム・ツール)の統合と役割・用途の再定義
B 構想中
デジタル化KPIツリーの全社共通定義と運用
K 計画中
デジタル人材・ビジネストランスレーターのスキル定義・採用・育成
I 着手済
デジタル化VMOによるベンダー選定・管理・評価手法の標準化
C 構想中
部門横断の顧客データ一元化と一気通貫の顧客特定と分析によるCS向上
D 計画中
顧客接点における自動化技術導入(MAやAI技術駆使)によるCX高度化
F 計画中
社内外の非定型情報の活用高度化・自動化
E 着手済
デジタルマーケティングによる潜在ユーザー誘引と既存ユーザーの深耕戦略推進
構想中 ……構想のみ、計画なし
計画中 ……計画あり、未着手
着手済 ……着手済、実施中

当該事例では、11のデジタル施策（図表3－2－6中のA～K）が立案され、それらに対し、先行順序の制約を考慮したうえで計画化した。特に論点となったのは、さまざまなデジタル施策を推進する前に、まずはデジタル専門組織の機能を定義し（施策J）、その役割を担うメンバーがデジタル戦略を策定し（施策A）、そのデジタル戦略にKPIを設定（施策B）して、全社DX推進の足場を固めることが、後続施策の成功率を上げるだろうという点だった。

このように、先行して着手すべきデジタルプロジェクトの順列、つまり先行順序制約と、先述した案件特性の評価の2つの観点を掛け合わせて、デジタルプロジェクトにおける「モノ（施策）」の優先度決定を行うことを推奨する。

❹DXガバナンスを実現する「カネ（予算／原資）」の可視化と運営

ある住宅総合メーカーは、社内で推進されている、大小含め年間500件を超えるさまざまなIT／デジタル投資に関して、「これまでIT部門が行ってきたIT投資と、DXを目的としたデジタル投資の区別ができていない」「DXを目的としたデジタル投資の効果がわからない（そのため、経済合理性の観点でDXが成功しているかどうかが見えない）」といった課題を抱えていた。

前者の課題については、一つの案として、「これまでＩＴ部門が行ってきたＩＴ投資」と「ＤＸを目的としたデジタル投資」をテクノロジースタックの表現で明確に分類・定義し、各種ＩＴ／デジタル投資プロジェクトコストを個別管理・モニタリングすることで解決する。

【テクノロジースタックでの投資分類の方針例】

「これまでＩＴ部門が行ってきたＩＴ投資」は、企業活動の根幹を支える「守りの投資」として、次の項目に係る設備投資コスト、運用コストと定義し、主にＩＴ部門が管理・モニタリングを行っていく。

- 現行の基幹システムやサブシステム、各種ソフトウェアおよびアプリケーション
- オンプレミスサーバー、ＰＣ端末
- ＯＳ、ＯＡソフトウェア（Microsoft Office など）
- ネットワーク、セキュリティ

「ＤＸを目的としたデジタル投資」は、企業の競争優位性を生み出す「攻めの投資」として、

次の項目に係る設備投資コスト、運用コストと定義し、主にDX専門組織が管理・モニタリングを行っていく。

- 先端技術：人工知能（AI）、ロボティック・プロセス・オートメーション（RPA）、仮想現実（VR）、拡張現実（AR）、複合現実（MR）、モノのインターネット（IoT）、ドローン、ブロックチェーン、5G／6Gなど
- 現存しているが、自社として未導入の技術

このような分類でIT投資プロジェクトをタグ付けし、明確に取り組み・活動を切り分けたうえで、コストの観点も含めた、IT部門とDX専門組織の管理責任の分界点をはっきりさせることが重要である。

後者の課題については、デジタル投資ごとにROI（投資利益率）をモニタリング・評価することが推奨される。ありがちなのは、計画段階でROIを算定し、デジタルプロジェクトを開始するところまではできていても、それ以降のフェーズ、特に導入完了後の運用フェーズにおいてまで継続的にROIをモニタリング・評価していない、できていないケースである。推進したデジタルプロジェクトが経済合理性の面で成果を出せているか否かは、運用フェーズ

のパフォーマンス実績データから正しく算定し評価することが最も重要と考える。また、さらに一歩踏み込むと、ROIの評価は、トランザクションごとに算定することを推奨する（図表3―2―7）。

図表3―2―7のうち、「RPA導入による業務自動化」というデジタルプロジェクトのROI評価をするケースを例にすると、デジタル投資の経済合理性を正しく捉えるには、「A：RPA業務自動化による創出時間『増』の金額換算」「a：RPAの実行回数（トランザクション）」「RPA導入・運用に係るITコスト（ソフトウェア費用、ハードウェア費用、社内外人件費、ネットワーク費用など）」の実績データを収集・整理したうえで、次に示すようなデータを算定す

図3-2-7 トランザクションベースで評価するROIの考え方

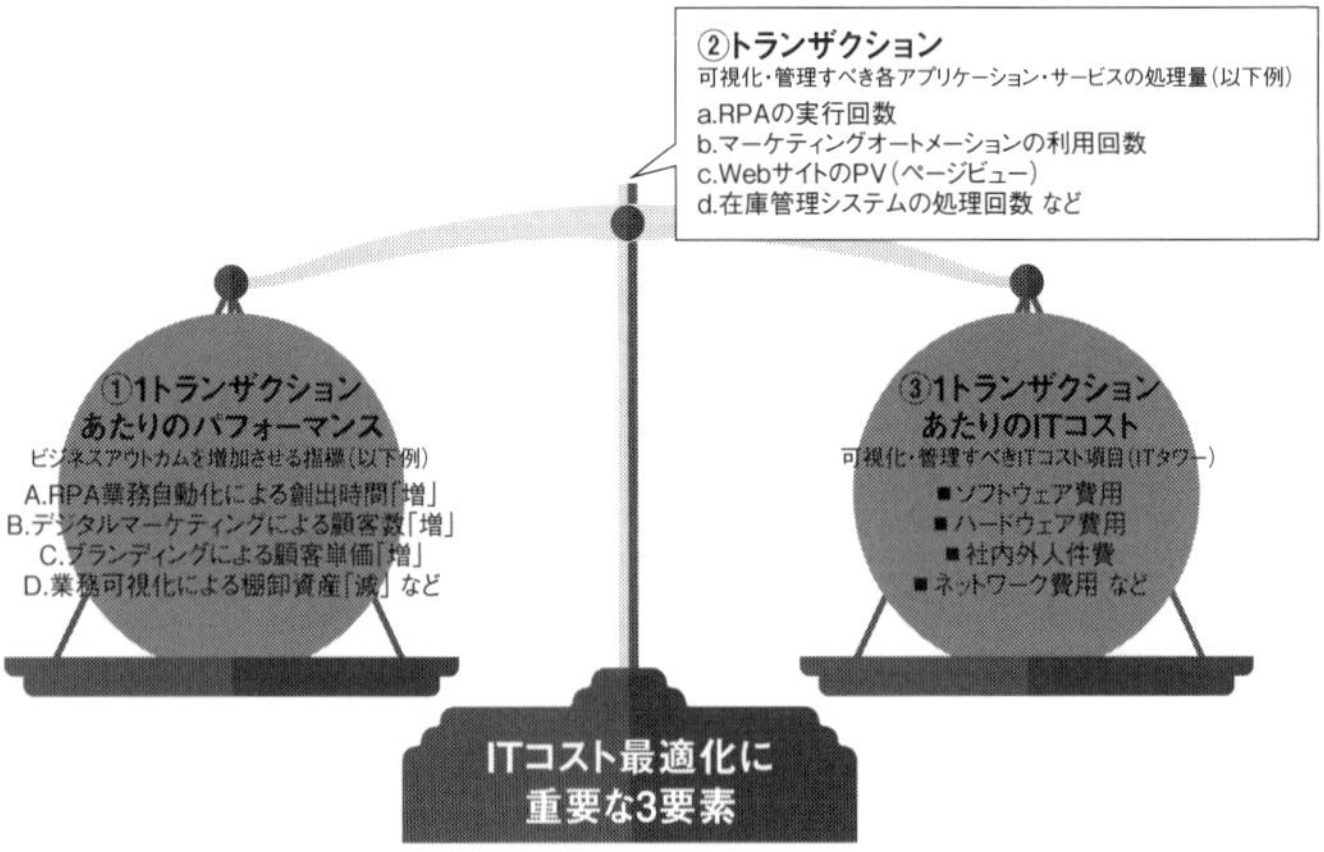

ることが必要である。

●図3-2-7の①：トランザクション1件当たりのパフォーマンス＝RPA業務自動化による創出時間「増」の金額換算÷RPAの実行回数（トランザクション）

●図3-2-7の③：トランザクション1件当たりのITコスト＝RPA導入・運用に係るITコスト（ソフトウェア費用、ハードウェア費用、社内外人件費、ネットワーク費用など）÷RPAの実行回数（トランザクション）

そして、①と③を比較し、投下コストに対する効果金額を分析していく。一見、当たり前の話に思えるかもしれないが、ポイントは、デジタルプロジェクトによって変化するトランザクションの定義（図3－2－7のa～d）を区別したうえで、実績のトランザクション数をベースにROIを算定・評価することである。ここで問題となるのは、デジタルプロジェクトごとの「RPA導入・運用に係るITコスト（ソフトウェア費用、ハードウェア費用、社内外人件費、ネットワーク費用など）」を可視化できるか、という点である。そのためには、複雑な配賦ロジックを定義・設定・運用する必要があり、Ｅｘｃｅｌでのデジタルコスト管理では、限界がある。ここまで精緻なデジタルコスト管理を実現するには、この懸念を解消するデジタルコストの可視化・最適化を図る専門のソフトウェアの適用を推奨する。

さらに、デジタルコスト管理に関して、一歩進んだ視点を解説する。企業におけるデジタル投資への意思決定は、DXをベースとした自社のビジネスモデル変革（業務自動化による効率性向上、顧客接点におけるCX高度化など）の実現に重要な要素となるが、その企業がどのような意思を持ってデジタル投資を行っているか、という姿勢については、企業に閉じたクローズドな事案ではなく、実は株主をはじめ社外のステークホルダーも注視している。自社が、将来を見据えた、予測的で正しいデジタル投資判断を行っていることを公開（ディスクロージャー）し、株主へ訴求していくことが株価上昇にもつながる。この自社のデジタルコストを可視化し、透明性を向上させ、高度に最適化していることをディスクロージャーしていくことは、近い将来、企業がなすべきふるまいのトレンドとなると思われる。そのような時代の到来に備え、企業では自社のデジタル投資の動向（図表3－2－8）を把握し、経年でモニタリングしていくことを推奨する。

たとえば、デジタルコストに関する「変動費 vs 固定費」については、固定費が正しく減少しているデータが可視化されることで、対処できない（契約スキームを変えるなどにより容易にデジタルコストの最適化ができない、オンプレミスサーバーの保守費など）固定的な費用領域までをも対象にできる。さらに、削減と収益性確保を目指した状況把握と変革推進に対し、その企業が確固たる意志を持ってコストトランスフォーメーションを行っている姿勢を明確に社内外のステークホルダーに提示できるのである。

❺DXガバナンスを実現する「ヒト（組織）」のスキームと、啓蒙を狙ったチェンジマネジメント

ある一般消費財メーカーは、「全社DXを進めるうえで、どのような組織体（スキーム）であれば効果的にデジタル活用の必要性を把握したうえで効果的にデジタルプロジェクトを推進できるか」という課題を抱えていた。DXは、経営層・管理職層・一般社員層までを巻き込んだ活動となるため、企業規模が大きくなればなる

図3-2-8 ディスクロージャーを意識した、デジタル投資動向のモニタリング対象（例）

管理すべきデジタルコスト（例）	内容	可視化の効果
① 変動費 vs 固定費	変動費 vs 固定費の総額や率を経年でモニタリング・評価	固定費が正しく減少しているデータが可視化されることで、アドレスできない固定的な費用の削減と収益性確保の状況把握と変革推進へ貢献。
② 新規投資 vs 運用費	新規デジタル投資 vs 運用費の総額や率を経年でモニタリング・評価	ラン・ザ・ビジネス（守りの投資）からチェンジ・ザ・ビジネス（攻めの投資）へ投資配分を変化させていることが可視化されることで、企業の成長性確保の状況把握と変革推進へ貢献。
③ 保守費用の内訳と削減状況	各種デジタル投資費用（ソフトウェア、ハードウェア、ネットワーク、社内リソース、外部ベンダなどの費用等）について、保守に関わる内訳（金額や率）を経年でモニタリング・評価	固定的なラン・ザ・ビジネス（守りの投資）の費用について、詳細なコスト構造の透明性を高めることで、ステークホルダー（社内外）への信頼性確保へ貢献。
④ 新規投資額の経年動向	各種デジタル投資費用（ソフトウェア、ハードウェア、ネットワーク、社内リソース、外部ベンダなどの費用等）について、新規投資に関わる内訳（金額や率）を経年でモニタリング・評価	チェンジ・ザ・ビジネス（攻めの投資）へ投資費用を増加させていることについて、詳細なコスト構造の透明性を高めることで、企業の競争優位性確保へ貢献。
⑤ 全体予算に対するクラウド比率	IT全体予算の中に、クラウドへの移行、またはクラウド運用費がどのくらい組み込まれているか、総額や率を経年でモニタリング・評価	脱ホストへの傾向、BCPへの考慮、DX推進などの動向が現れることで、企業の積極的なトランスフォーメーションへ貢献。

ほど（たとえば、本社売上高５０００億円〜数兆円規模、ないしコングロマリット経営企業・カンパニー制企業など）、推進の難易度は高くなっていく。ＤＸに係る戦略や整理のフレームワークがいくら優れていても、最終的には「ヒト（組織）」がその気にならなければ、成功へ近づくことはできない。残念ながら、社内政治や、組織間のパワーバランスへの考慮・根回しが物事を進める際の重要事案となってしまう日本企業、つまりは、組織間のサイロ化が色濃い企業風土の状況下においては、なおさらその傾向が強く見受けられる。

そのような大規模企業におけるＤＸ推進は、各事業部にＴＬ（チームリード）を配置し、ＤＸの推進・管理の組織の粒度を分解したうえで、権限委譲を行う「２階建てのＤＸ組織スキーム」が有力なアプローチとなる（図表３−２−９）。

ＴＬは原則、その事業部門から擁立することを推奨する。自部門の業務を深く理解していることが前提となるからである。次に、事業部門内で行われている複数のＤＸ施策ごとに、さらにＰＯ（プロジェクトオーナー）を擁立し、ＤＸ施策推進の権限委譲を行う。ただしＰＯは、ＴＬへＤＸ施策推進の進展状況や成果などの情報を、「ＤＸ部門内会議」の場で、定期的に報告するルールを設定する。各ＴＬが集めた担当部門の各種ＤＸ施策の進展状況や成果は、

TLが責任を持ってDX専門組織に対し、「DX推進委員会」の場で報告し、課題やリスクなどを協議し、解決や回避に向けた戦略を練っていく。「DX推進委員会」で決議されたさまざまな実績（進展状況・成果）や課題解決方針は、最高経営責任者（CEO）や関係役員で構成された、さらに上位の「DXステアリングコミッティ」の場で報告・共有されるルールとし、この情報連携のPDCAサイクルを高速で回していくことが極めて有益なのである。このように、たとえ規模の大きな企業においても、階層型・権限委譲型の組織スキームとマネジメント方針を運用・定着化させることで、透明性が高く、迅速（アジャイル）なDX推進が可能になるのである。なお、図表3-2-9の下段に示すように、部門・事業部間においても、事業部門

図3-2-9「2階建て」のDX組織スキームイメージ

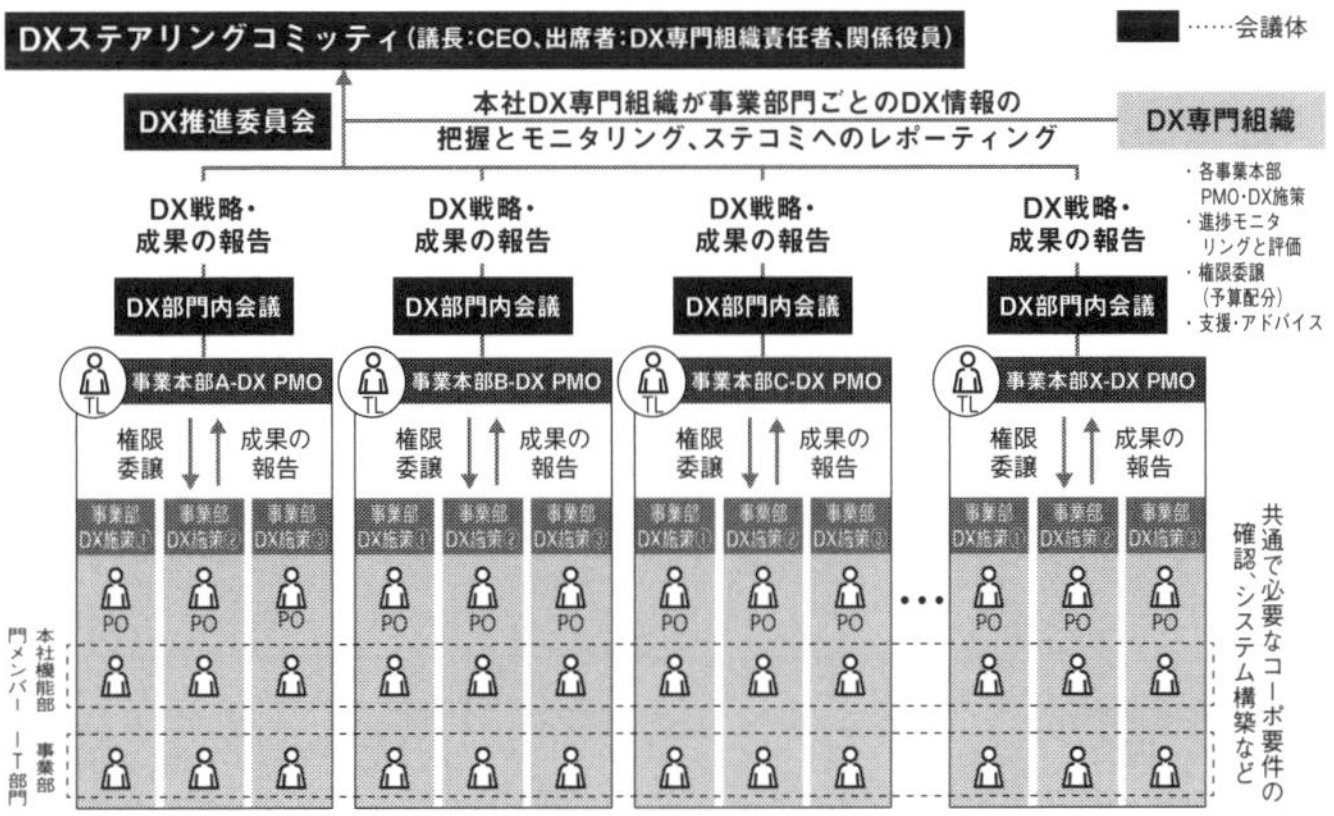

メンバー・事業部・IT部門同士で横断的な情報連携をすることで、二重投資やナレッジの活用不足を防ぐこともできる。

全社的に「ヒト(組織)」を巻き込みながら、さらに効果的にDX推進を進めていくためには、組織スキームの構築に加え、もう一つ重要な要素がある。それは、DXの必要性や具体的なイメージを把握したうえで、全社員参加型のきっかけとなるモメンタムの醸成である。これを実現するには、効果的・継続的なDX啓蒙活動が必要になる。DX啓蒙活動には5つのフェーズがあると我々は考える(図表3-2-10)。

1 明確化フェーズ:社員が「DX」という単語を認知している状態

図3-2-10 DX啓蒙活動の5つのフェーズ

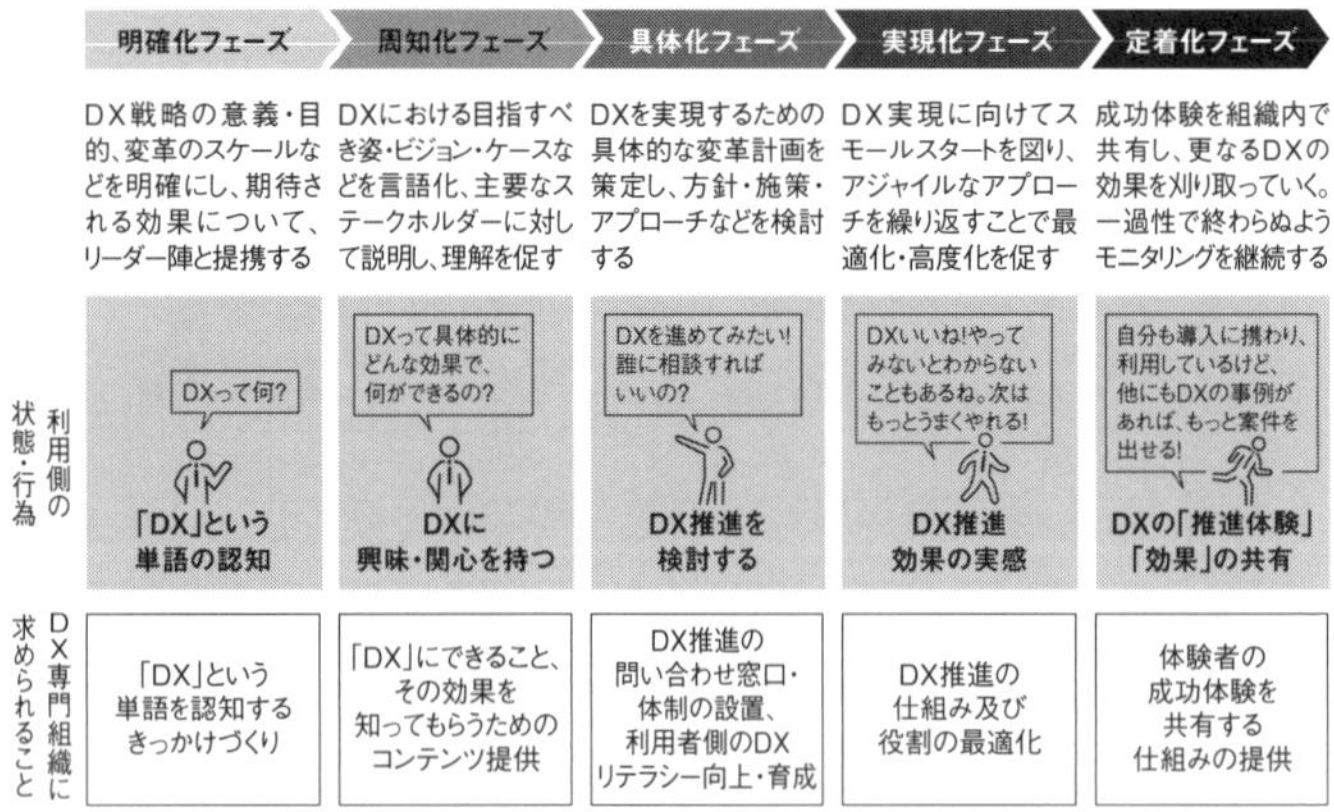
明確化フェーズ
周知化フェーズ
具体化フェーズ
実現化フェーズ
定着化フェーズ
DX戦略の意義・目的、変革のスケールなどを明確にし、期待される効果について、リーダー陣と提携する
DXにおける目指すべき姿・ビジョン・ケースなどを言語化、主要なステークホルダーに対して説明し、理解を促す
DXを実現するための具体的な変革計画を策定し、方針・施策・アプローチなどを検討する
DX実現に向けてスモールスタートを図り、アジャイルなアプローチを繰り返すことで最適化・高度化を促す
成功体験を組織内で共有し、更なるDXの効果を刈り取っていく。一過性で終わらぬようモニタリングを継続する
利用側の状態・行為
DXって何?
「DX」という単語の認知
DXって具体的にどんな効果で、何ができるの?
DXに興味・関心を持つ
DXを進めてみたい! 誰に相談すればいいの?
DX推進を検討する
DXいいね!やってみないとわからないこともあるね。次はもっとうまくやれる!
DX推進効果の実感
自分も導入に携わり、利用しているけど、他にもDXの事例があれば、もっと案件を出せる!
DXの「推進体験」「効果」の共有
DX専門組織に求められること
「DX」という単語を認知するきっかけづくり
「DX」にできること、その効果を知ってもらうためのコンテンツ提供
DX推進の問い合わせ窓口・体制の設置、利用者側のDXリテラシー向上・育成
DX推進の仕組み及び役割の最適化
体験者の成功体験を共有する仕組みの提供

2　周知化フェーズ：社員が「DXがどのような活動か、どんな効果があるか」を理解し、興味や関心を持っている状態

3　具体化フェーズ：社員が「DX推進」を具体的に検討し、開始する状態

4　実現化フェーズ：社員がDX推進における効果を実感できている状態

5　定着化フェーズ：社員がDXの成功体験を享受し、組織内での経験の共有が定着化されている状態

DX専門組織には、この5つのフェーズを少しでも前へ進めるべく、社内の啓蒙活動を粘り強く、継続的に進めることが求められる。具体的な啓蒙活動例を次に示す。

- 社内報やイントラネットなどの媒体で、DXに係る社内外の事例や、ニュースを定期的に発信する
- デジタルソリューション（AIやRPAなど）のデモ動画を社内のエレベーター内、エントランスやオフィス内のモニター、デジタルサイネージで繰り返し再生する、またはポスターを社内に広く配布し、オフィススペースや食堂、フリースペースなどに貼り、社員の目にとまるよう工夫する

●デジタルソリューションのケイパビリティー（デジタルの業務への活用事例リスト、デジタルソリューションカタログ）を自社のさまざまな部門向けに30分程度のキャラバン（説明会）を実施して解説する
●RPAやAIなどのデジタルハッカソン（ハンズオン型のソフトウェア開発体験）を開催、運営する
●1～2時間×複数回の社内ワークショップ（勉強会）を開催し、グループディスカッションなどでデジタルソリューションの業務への適用イメージの理解やアイデア創出、プレゼンなどを実施する

このような活動を通じ、社員のDXやデジタルソリューションの活用方法と、理解の浸透を地道に続けていくことが推奨される。

とはいえ、デジタルハッカソンやワークショップは、社内報やデモ動画の再生のような、全社発信型の啓蒙施策とは異なる。どの企業においても社員数が相応に多い状況であり、啓蒙活動の特性上、すべての社員を対象に一気呵成に推進することは現実的でなく、参加対象者を絞り込む必要があるだろう。たとえば、社員を役員層・管理職層・一般社員層と3つのレイヤーに分けたとして、どのレイヤーを優先対象にすべきなのだろうか。

我々ＫＰＭＧコンサルティングが推奨するのは、30〜40代の管理職層（課長・部長職）である。このレイヤーは、10〜20年の勤続経験を持ち、ジョブローテーション制度などでさまざまな部門の業務経験を積みつつ現在の役職に就いていることが多いと考えられる。デジタルに造詣が深くなくとも、自社のビジネスや業務について、オペレーションを含め十分な理解を保有しているものである。このレイヤーをキーパーソンとして、集中的にデジタルハッカソンやワークショップを進める手法を「ミドルアウトアプローチ」と我々は呼んでいる（図表3―2―11）。

管理職層（課長・部長職）がＤＸの意義やデジタルソリューションの活用事例を理解すると、

図3-2-11 DX啓蒙活動の初期ターゲット「ミドルアウトアプローチ」

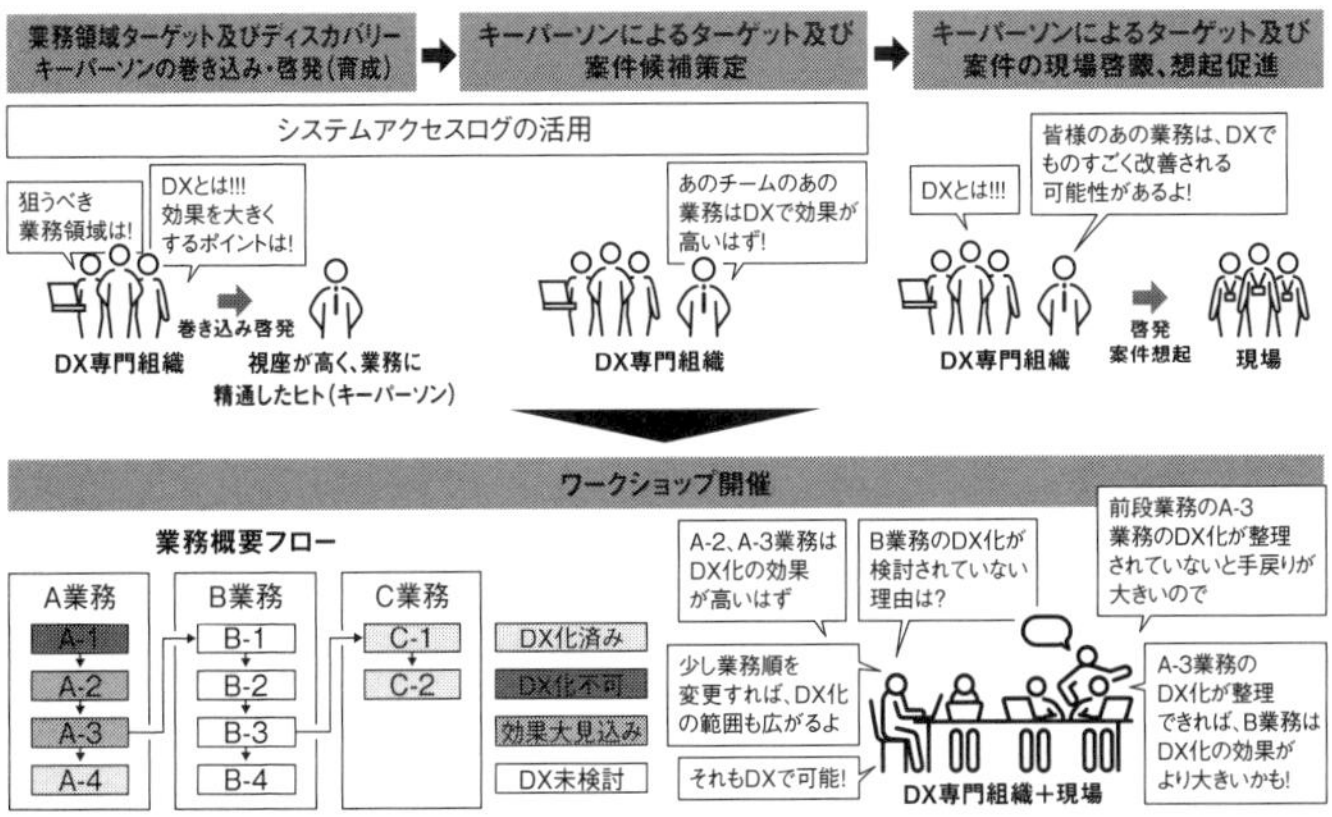

自社特有の業務への活用イメージを水平思考により創出するモメンタムができることが多い。たとえば、一般社員において同様の理解を醸成したとしても、目前の担当業務を効率化するアイデアの創出にとどまってしまう傾向にある。しかし管理職層（課長・部長職）は、自社のビジネスや業務を深く広く理解しているため、「デジタルソリューションを業務適用した際の横展開可能性や、業務量のボリュームゾーンへの適用によるレバレッジの最大化」というような、一つ高い視座からＤＸ推進のイメージ創出を自律的に行ってくれる傾向が強く、より短期間で高い効果が見込める、正しいＤＸ推進により成功に近づけると我々は考えている。

第3章　第2項のまとめ

▼全社DXを進めるうえで最も重要なポイントの一つとなるのは、「DXガバナンス」である。

▼DXガバナンスを確立するには「情報」「プロセス」「モノ（施策）」「カネ（予算／原資）」「ヒト（組織）」の5つの要素において、ポリシーやルールを定義すべきである。

▼「情報」については、DXに係る情報の一元化をし、「どこで、どのようなデジタルプロジェクトが推進されており、効果や投下コストはいかほどか」について可視化し、透明性の向上を図るべきである。

▼「プロセス」については、デジタルプロジェクト推進に係るマネジメントプロセスを定義すべきである。

▼「モノ（施策）」については、デジタルプロジェクトにおける優先度決定の基準項目を定義すべきである。

▼「カネ（予算／原資）」については、自社のデジタルコストを可視化し、透明性を向上させ、ディスクロージャーできるレベルまで高度に最適化すべきである。

▼「ヒト（組織）」については、自社にFitしたDX組織スキームの設計、継続的な

DX啓蒙活動（チェンジマネジメント）、「ミドルアウトアプローチ」を含めたモメンタムを醸成すべきである。

第4章

全社DX推進をより確実にする一手

全社 DX 推進を決断・遂行していくうえで、役員層や推進リーダーは時として、このように思うだろう。
「自社の DX は他社と比してどの程度まで進んでいるのか」「自社のデジタル人材はどの程度のレベルなのか」「自社の DX 推進状況は社外に発信するに値しているのか」。本章では、そのような悩みに応えるべく、全社 DX 推進に向けた現在位置把握の進め方と、客観的な評価獲得方針について提言する。

4-1 DXの推進度を知る「デジタル成熟度診断」の方法論

[1] DX推進におけるDX推進度ベンチマークの必要性

前章まで、全社DX推進に必要な「デジタル戦略」「デジタル組織」「デジタル人材」の在り方と定義手法について解説してきたが、実は、それらの活動を行う前に、まずは自社のDX推進活動が他社、とりわけDX先進企業と比べ、どの位置にあるのか、今まさに、どの地点に立っているのかといった現実について把握する必要があると考える。故事成語にある「彼を知り己を知れば百戦殆《あやう》からず」という考え方が極めて重要なのである。ここで、我々の方法論を勝手ながら紹介させていただきたい。KPMGコンサルティングは、グローバルアセットとして「デジタル成熟度診断ツール」を保有し、当該方法論を用いて全社的なデジタル活用状況を迅速に可視化し、企業のDX推進を支援している。本項では、この方法論について解説する。

KPMGコンサルティングの「デジタル成熟度診断ツール」とは、評価結果のスコアをベースに事前定義されているベンチマーク（判断基準とするため各国企業のデータを基に算出したグローバル平均スコア）を活用し、網羅的分析や全体ロードマップの素案の策定など、将来のDX戦略につながる全社的検討を同時に実現するものである。その結果、優先すべき課題が整理され、全社として一貫性のある施策の推進につなげていけるのである。

もし、自社のDXの現在位置を客観的に確認せずに推進した場合、自分たちがどこに位置しているかわからない状態で船に乗り、広い海原へ航海に出るのと同様、目的地にたどり着く確率は、不可能なレベルまで低下することだろう。実際に、DX推進に苦慮している企業からは、次のような声が聞こえてきている。

- 過去の成功体験を基にした「前例踏襲型デジタル投資」にとらわれ、既存システムのマイグレーションもしくは各部門が散発的に実施する一部プロセスの自動化に終始している

●全社としてのDX推進に関する方針が明確化されておらず、社内の各組織から声の挙がる目先のデジタル化だけに取り組み、抜本的、本質的なデジタル施策に踏み込めないでいる（DXを推進した気になっている）

●管理職層を含めた社員のデジタルに関する教育、研修をせず、そもそもDXがどのようなもので、自部門または自身の担当業務へどのような効果があるかイメージできず、DXの着手や導入そのものに消極的である

このような状態に陥らないよう、デジタルに関する自社の現在位置を網羅的・客観的に把握し、他社とのギャップ、つまりはDXに関する課題を把握したうえで、全社の方針として一貫性のあるデジタル戦略を立てる必要があると我々は考える。

［2］デジタル成熟度診断の進め方

デジタル成熟度診断は、全社DX推進の起点となる「DXを受け入れ、活用する企業の成熟度」を診断していく。KPMGコンサルティングでは、インタビューシートを用いて後述する5つの視点について調査を行っている。

インタビュー調査の前に、DX推進担当の役員もしくはDX推進組織のメンバーに、デジタル戦略・施策のこれまでと、現状の取り組みや組織内のDX推進状況などのヒアリングを進める。DX推進側と各事業部門側の認識の差異（ギャップ）や全社の方向性を確認することで、診断後の分析内容・提案施策とDX推進に食い違いがないようベクトルを合わせるためである。実際のインタビューは、CxOなどの経営層（場合により、本部長クラスの事業部統括者）に47項目のインタビューシートを記入いただき、その内容をベースにヒアリングしていく。

【3】デジタル成熟度診断の5つの視点

デジタル成熟度を診断するにあたり、漏れや偏りのない全方位的な診断項目とその観点が必要となる。KPMGコンサルティングでは、図表4-1-1に示す5つの視点に基づき、現況の情報収集・診断を行う。特徴的なのは、「ソフトウェア」「ハードウェア」「ネットワーク」などのテクノロジースタックを分析軸として採用せず、戦略・組織に着目している点である。DXの成熟度をテクノロジー視点に限定したフレームで評価することは氷山の一角を見ていることに過ぎないと我々は考えるからである。

❶【経営戦略の視点】
デジタル起点の経営方針

「経営戦略の視点」では、デジタル起点の経営方針がしっかりと定められ、社員に示されているか、といった点について評価を行う。全社としてDXを成功させる最も重要なポイントの一つが、CEOをはじめとした経営層によるDX実現へのコミットメントである。全社戦略の達成に向け、DXを通じて何を実現するのかという明確なビジョンと目標数値（KPI）を掲げ、デジタル戦略を描き、それらを社員やビジネスパートナー、株主へ中期経営計画やアニュアルレポート、IT中計などで、明確に説明・コミットメントできているか、ということが肝要と考える。

図4-1-1 デジタル成熟度診断の5つの視点

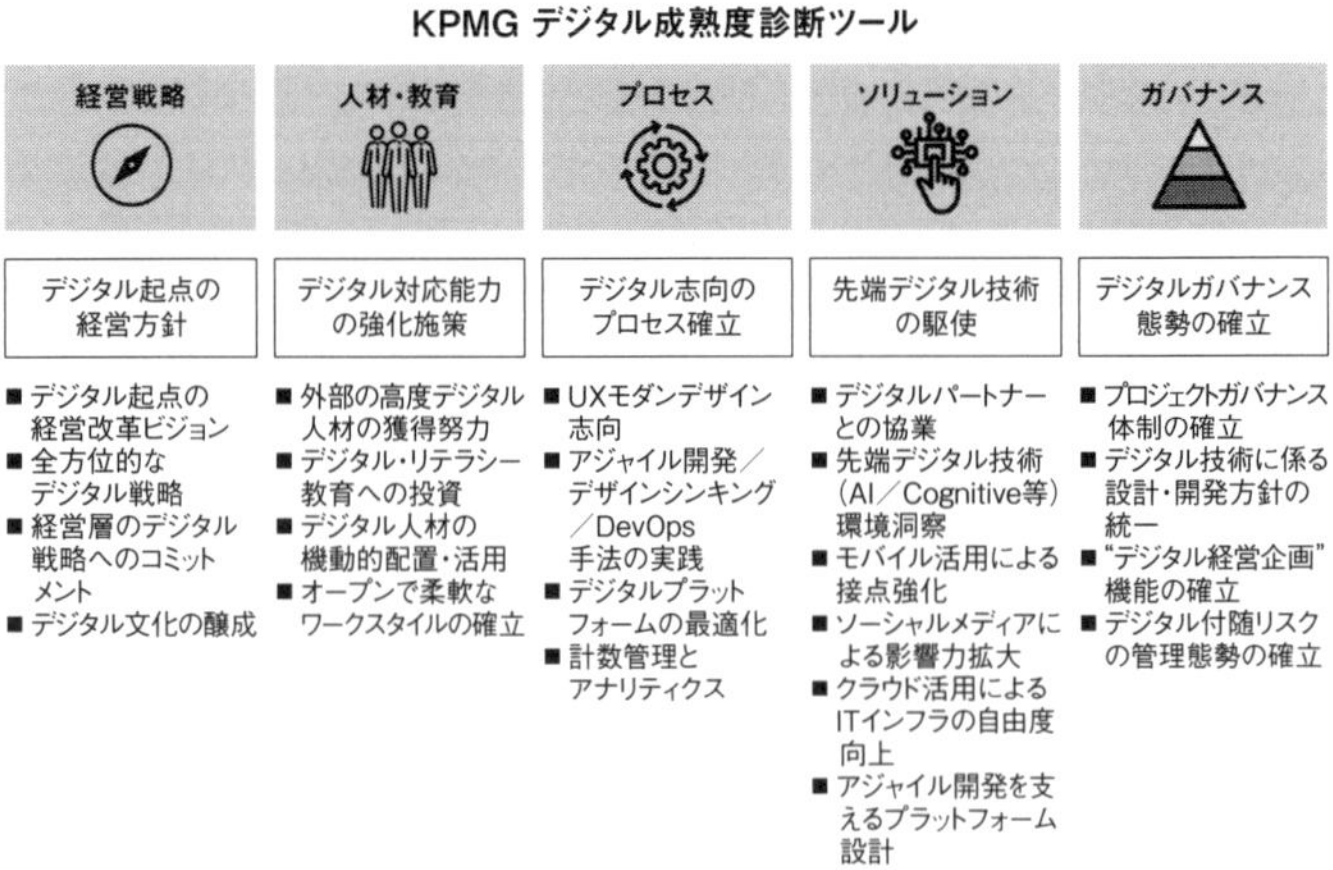

経営戦略	人材・教育	プロセス	ソリューション	ガバナンス
デジタル起点の経営方針	デジタル対応能力の強化施策	デジタル志向のプロセス確立	先端デジタル技術の駆使	デジタルガバナンス態勢の確立
■ デジタル起点の経営改革ビジョン ■ 全方位的なデジタル戦略 ■ 経営層のデジタル戦略へのコミットメント ■ デジタル文化の醸成	■ 外部の高度デジタル人材の獲得努力 ■ デジタル・リテラシー教育への投資 ■ デジタル人材の機動的配置・活用 ■ オープンで柔軟なワークスタイルの確立	■ UXモダンデザイン志向 ■ アジャイル開発／デザインシンキング／DevOps手法の実践 ■ デジタルプラットフォームの最適化 ■ 計数管理とアナリティクス	■ デジタルパートナーとの協業 ■ 先端デジタル技術（AI／Cognitive等）環境洞察 ■ モバイル活用による接点強化 ■ ソーシャルメディアによる影響力拡大 ■ クラウド活用によるITインフラの自由度向上 ■ アジャイル開発を支えるプラットフォーム設計	■ プロジェクトガバナンス体制の確立 ■ デジタル技術に係る設計・開発方針の統一 ■ "デジタル経営企画"機能の確立 ■ デジタル付随リスクの管理態勢の確立

またデジタルの利用や活用が推奨され、会社としてバックアップする実行環境が整えられているか。つまりDXに向けた文化の醸成にどれほどの取り組みができているか、ということも重要なのである。

❷【人材・教育の視点】デジタル対応力の強化施策

「人材・教育の視点」では、デジタルに係る人材に対し、デジタル対応力の強化施策が立案され、どの程度、投資や推進がされているか、といった点について評価を行う。DXを推進する人材像を定義し、重要なデジタル施策に対し、優秀なデジタル人材を各デジタルプロジェクトへ機動的にアサインし、デジタル領域の目標を達成していく。その他、デジタルリテラシー教育やデジタルに関するナレッジ集約の推進、さらに外部の高度デジタル人材の獲得・活用の努力と、それらを受け入れる組織スキームの設計・設立がされているか、オープンで柔軟なワークスタイル確立にどれほど努めているか、も重要なチェックポイントとなる。

❸【プロセスの視点】デジタル志向のプロセス確立

「プロセスの視点」では、企業内のデジタル施策推進において、デジタル志向を意識した導入・

活用プロセスがどの程度整備されているか、といった点について評価を行う。デジタル技術の導入には、従来のような「スクラッチ＋ウォーターフォール型」といった手続き型の開発手法重視の重厚長大なプロセスが必ずしも有効ではなく、顧客視点に立ったサービスのデザイン（とりわけモダンデザインを取り込んだＵＸを意識しているか）と、それを素早く実現する「パッケージサービス＋アジャイル開発（スクラム開発含む）」が効果的と考える。

デジタル技術を融合した新規事業の立案においては、デザインシンキング手法を取り入れているか、開発部隊と保守運用部隊が協働するＤｅｖＯｐｓ手法を用いてデジタルソリューションのライフサイクル全体を考慮した高度な構築手法を取り入れているかなどもチェックしていく。また、外部のクラウドサービスなどを組み合わせて、安全に利用するための最新のデジタルプラットフォームを整備し、デジタル開発プロセスが十分に機能する環境が提供できているか、という点も評価していく。

❹【ソリューションの視点】先端デジタル技術の駆使

「ソリューションの視点」では、従前の技術範囲を超え、さまざまな先端デジタル技術を取り入れた活動ができているか、といった点について評価を行う。日進月歩で進化するデジタル技術を導入するためには、自社での研究だけでなく外部の先進的デジタルパートナーとの協業も手段の一つとして検討することが有効である。また、これまでの対面、PC画面上でのコンタクトのほか、モバイルを前提としたサービスの開発やソーシャルメディアを駆使した顧客接点の拡充、ITインフラ基盤のクラウド活用や顧客サービスデザインを行うデジタルテクノロジー基盤の改革も必要となる。併せて、IoTやドローン、ブロックチェーン、人工知能（AI）、ロボティック・プロセス・オートメーション（RPA）、AR／VR／MR（拡張現実、仮想現実、複合現実）といったXR、5G（第5世代移動体通信）／6Gといった先端技術への取り組みの有無や、理解と活用についても現況を捉え、評価対象としていく。また、これらのデジタルソリューションの採用において、確かな定性・定量効果を享受できているか（つまり、DXが結果として成功しているのか）、といった点についても深く確認することが重要であると我々は考える。

❺【ガバナンスの視点】デジタルガバナンス態勢の確立

「ガバナンスの視点」では、企業内に同時並行的に行われているさまざまなデジタル施策導入・活用において、一定のルール・ポリシーを適用し、デジタルガバナンス態勢が確立できているか、といった点について評価を行う。対応スピードが速く、常に変化し続けるデジタルサービス開発を安全かつスムーズに行うためには、社内のガバナンス整備も相応に重要なポイントとなる。法的要件や潜在リスクを識別、評価する包括的なリスク管理はもちろんのこと、全社デジタルを推進、統括するＤＸＭＯの設立とデジタル施策情報（進捗や投下コスト）の一元管理によるデジタル戦略、施策のモニタリング・コントロール、情報統制も必要となる。

また、ＤＸによる自社のサービス改革を行う際には、自社内はもちろん社内オペレーションや社外連携なども含めて明文化されたデジタル改革プロセス（設計・開発方針の統一含め）の整備も必要である。さらに、社内で起案される新規デジタル施策に関する企画に対し、一定の基準をもってＧｏ／ＮｏＧｏの判断と承認を行い、自社にとって有益なデジタル施策を見極めるデジタル経営企画機能の確立ができているか、この点についても評価していく。

［4］デジタル成熟度の結果分析とデジタル推進上の課題を導出

インタビューシートやヒアリングの結果を踏まえて、5つの視点につき22項目から構成される評価シートを作成する（図表4－1－2）。項目の評価は、レベル1の「対応していない、存在していない」といった内容から、レベル5の「DX推進における理想的な状態」といった内容まで5段階で設計していく。各項目・レベルごとに、具体的な状態・ビジョンが定義されており、客観性を損なわずに判断、評価できるように作成することが望ましい。

続いて評価シートを基に、KPMGコンサルティングでは、グローバル企業を含めた他企業の平均スコアとの差を描画したパイチャートを作成、分析していく。DX推進には、成熟度に応じたバランスの良い状態が望ましいため、評価が低い項目、特にグローバル平均スコアを下回る部分については、これを課題として捉え、優先的に対応施策を検討するのである。

図4-1-2 **デジタル成熟度診断の評価結果（例）**

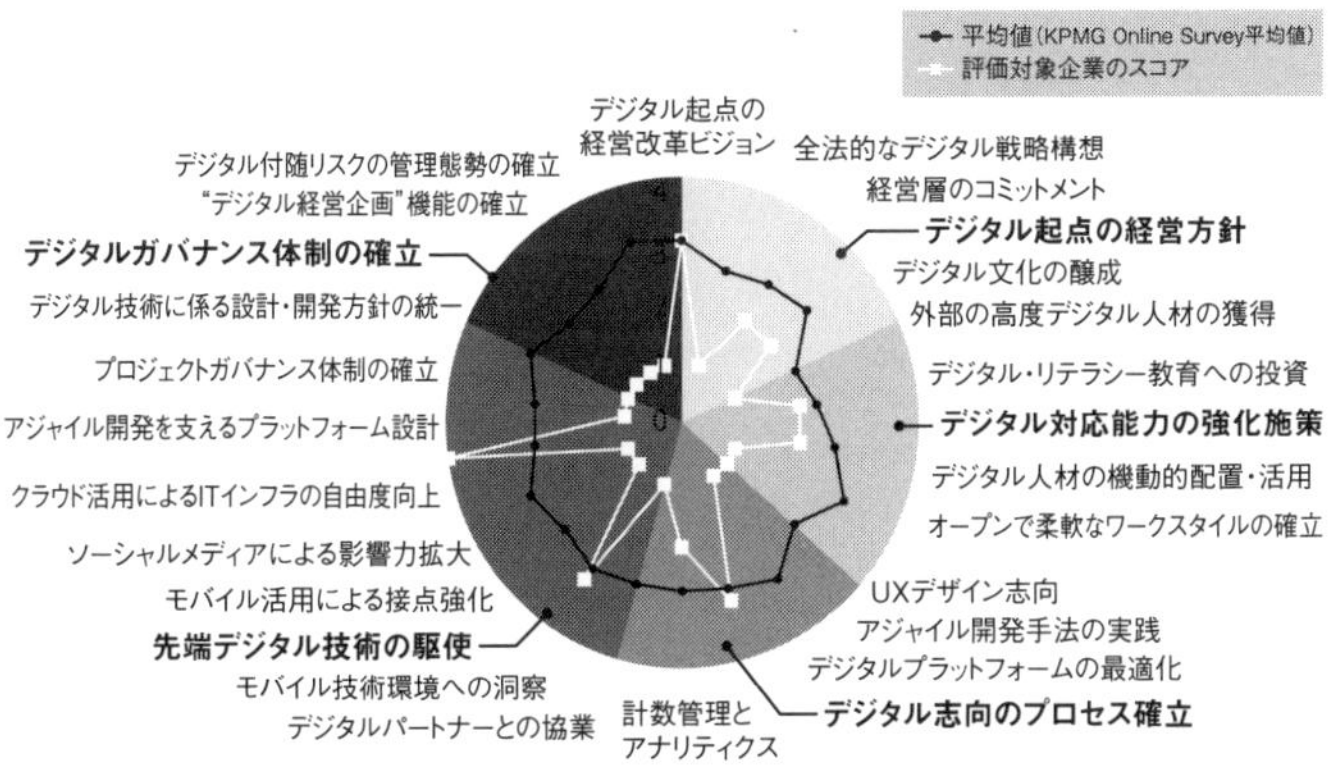

図表4-1-2に示した例の場合、ウィークポイントとして特に「デジタルガバナンス態勢の確立」領域が可視化され、DXを推進するうえでのリスクの評価と包括的な対策を行う仕組み、組織づくりを優先的に対応すべきとの結果が導出される。また、インフラのクラウド化は進んでいるが、それ以外の開発プラットフォームや開発手法は、従来型のウォーターフォール型を前提とした仕組みとなっており、最新技術を迅速に導入し、サービスをリリースするには、課題が残る状態と見受けられる。このように、課題・解決施策提示を全方位的に実施し、経営・事業戦略との整合性をとりながら、実際に推進する際の優先順位の提案や、3~5年でDX成熟度を向上させていくロードマップの素案作成などを行っていく。

なお、この活動のメリットとしてもう一つ特筆すべきことがある。プロジェクトチームの一員である経営企画部門や業務改革部門は、この活動を通じて「DX成熟度の可視化」という結果を得ることのみならず、「ビジネス課題の抽出」や「デジタル施策の導出と検証」「デジタル施策実行の優先度決定と計画化」といった、DXの各種準備プロセスを体験、学習でき、将来的な自走化の素地を醸成できるという点である。

［5］診断後のDX推進アプローチ例

デジタル成熟度診断で「現在位置の可視化」「ギャップ・課題の特定」「改善に向けたDX施策立案」「DXロードマップ策定」を行った次のステップとして、DX施策の実行フェーズを開始する。優先して実行するDX施策は、分析結果と企業特性により千差万別ではあるが、いくつかの推進アプローチ事例をご紹介する。

❶DX施策の一般事例1：全社デジタル戦略の立案

ある企業においては、経営層からデジタル活用に関する具体的な方向性が示されておらず、各グループ・各部門がそれぞれの事業計画に沿ったデジタルの方策を導入しており、全社としてのデジタル戦略が不明確であった。そのため、まずデジタル戦略を立案、合意するところから活動を開始した。事業戦略とデジタル戦略のKPIを整合、連動させ、事業戦略と同様にデジタル戦略もモニタリングできる環境を作り、「デジタル戦略の目標達成が事業目標にプラスの効果をもたらす」ことを全社に認識させ、一体感のあるDX施策の実施を目指したのである（図表4－1－3）。

❷ＤＸ施策の一般事例２：ＤＸナレッジの共有

別のある企業においては、社内のデジタルに関するコミュニケーションを活発化するため、共通ナレッジデータベース（ＤＢ）を構築して、社内ナレッジの管理に着手した。ナレッジの特性によって、ナレッジ管理者が情報収集、蓄積するケースと、システムで自動的に対象情報ソースをクローリングし必要な情報の蓄積、インデックス作成・タグ付けを実施するケースに分けたのである。その結果、社員はポータルや検索機能を通して必要な情報にいつでもアクセスでき、単純な情報共有だけでなく、ＤＸ推進プラットフォームとして、社内ナレッジＤＢを活用した場所にとらわれない新たなサービス開発が可能となったのである（図表４－１－４）。

図4-1-3 全社デジタル戦略の立案(事例)

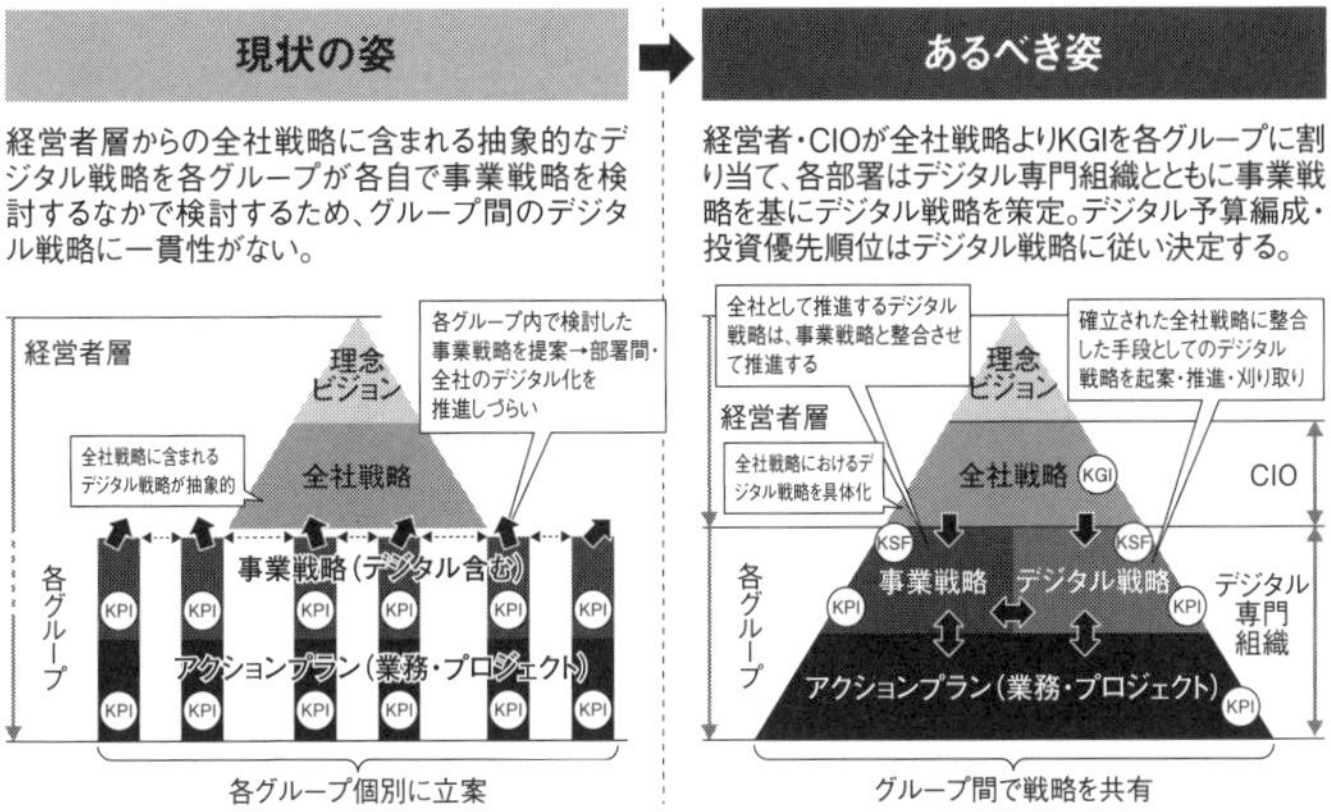

図4-1-4 DXナレッジの共有(事例)

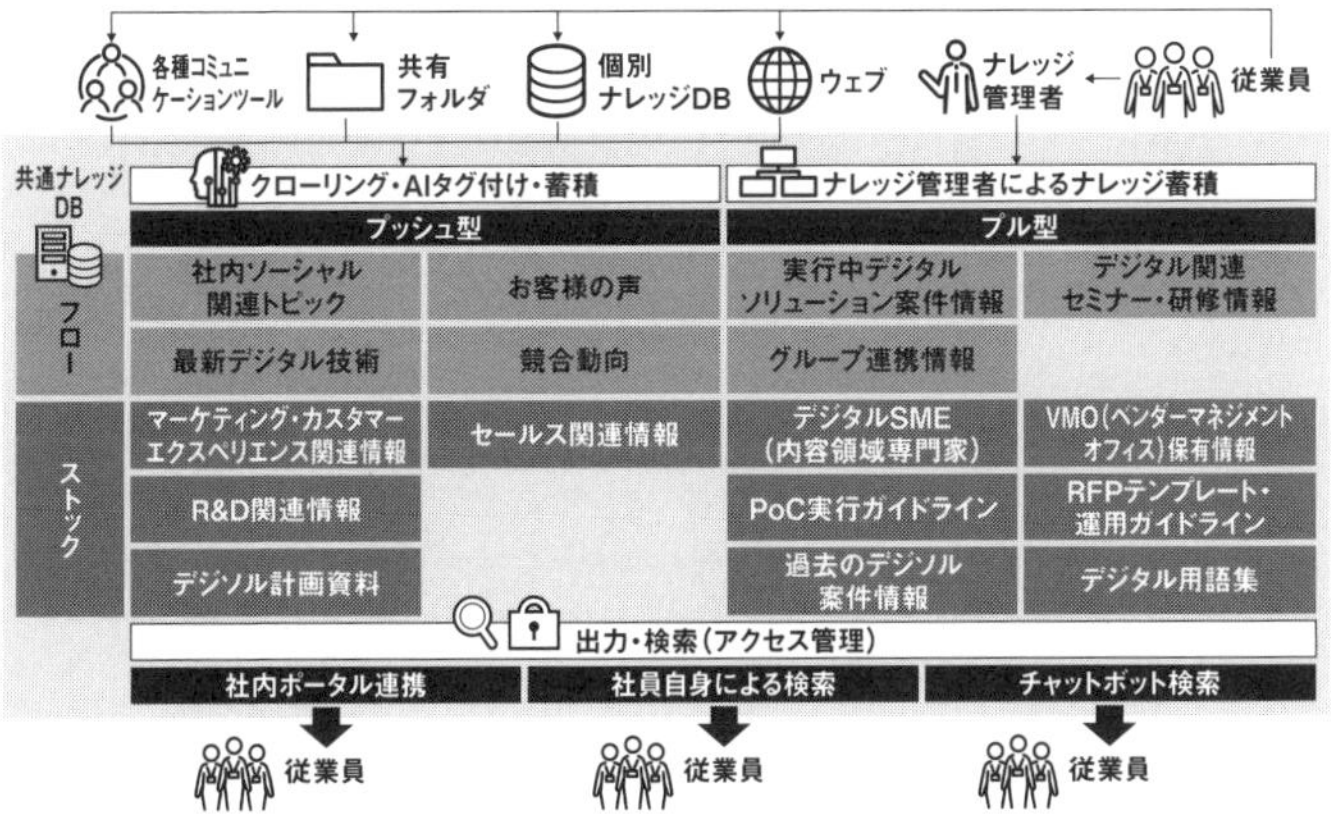

第4章　第1項のまとめ

▼全社DXの推進、デジタル施策の適用を行う前に、自社のDXの出来具合をデジタル成熟度として可視化すべきである。

▼自社の現在位置を把握したのち、他社との差異をギャップとして捉え、より強化していくべきデジタル領域を特定すべきである。

▼状況把握においては、網羅的に評価軸（経営戦略／人材・教育／プロセス／ソリューション／ガバナンスなど）を定義する。

▼推進すべきデジタル施策は、自社の経営・事業戦略と整合させ、照らし合わせたうえで優先度を決定する。

4-2
社員のDX理解度を評価・把握し、向上を図る「DX-Education」

【1】デジタル施策の推進に必要なデジタルリテラシー

本章の第1項「DXの推進度を知る「デジタル成熟度診断」の方法論」で解説したように、企業におけるDXの推進では、まず自社のデジタルへの取り組みがどこまで進んでいるかについて、ベンチマークも含め客観的に評価・分析・把握することが重要である。そこを起点として自社のDX課題を特定し、その課題を解決するためのDX施策の立案とロードマップの策定を行うことが、全社DXのスタート地点となる。

ただ、ここで一つ懸念が浮上する。立案したDX施策とロードマップを、果たして企業内の既存リソースで予定通り進めることができるのか、という点である。掲げたDXの目標に向けて、通常なら主たる推進役となり得そうな社員のデジタルリテラシーの成熟度も重要な要素になるのである。そのため、次のアクションとしては、社員のデジタルリテラシーの現在位置の把握がキーポイントとなる。

振り返ると、これまで日本企業の各部門においては、デジタルとの接点に極めて偏りがあったと思料する。従前より、業務利用に必要なデジタルテクノロジーを構築・運用していくプロセスとしては、「Demand（要求）」サイドとしての事業部門やコーポレート部門が、必要な業務機能要件をＩＴ部門へ要望し、一方で「Supply（供給）」サイドとしてのＩＴ部門が、業務機能要件をシステム機能要件へと落とし込み、専任的に業務システム、ＯＳ、ネットワークなどの導入・改善・保守・メンテナンスを担当し、完成品を事業部門へ提供するという一連のデジタルサプライチェーンが存在している。この場合、Demand（要求）サイドである事業部門やコーポレート部門は、業務機能要件からシステム機能要件が落とし込まれる過程を経験・学習することはできない（当然、開発や運用保守も行わない）。このようにデジタルサプライチェーン上において、完全に役割が分断された状況では、デジタルリテラシーの成熟度向上はどうしても

IT部門に偏ってしまうのである。逆に言うと、事業部門やコーポレート部門は自身の目の前の業務遂行に必要なOAツール（文書作成ツールやスプレッドシート、メール送受信）や基幹システムのオペレーションといった狭い領域でのみしか、デジタルリテラシーを高めることができないことは仕方ないと考える。

ところが、今後、来るデジタル時代において求められる全社的なDX推進では、IT部門のみならず事業部門やコーポレート部門も広範囲かつ、一定水準のデジタルリテラシーを具備すべきであり、まさに全社参加的に、社内外のステークホルダーとの共通言語として、デジタルに係る知見の具備を前提としたコミュニケーションをしていく必要性が高まっていくと考えられる。まさに全社的なデジタルリテラシー向上に待ったなしの時代が到来しつつあるといえるのである。

[2] 社員のデジタルリテラシーの現在位置の把握

先述したように、全社DX推進の起点として、まずは社員のデジタルリテラシーの現在位置を把握していく。当該領域の可視化は、なるべく網羅的に、客観性を持って現在位置を確認することが重要である。KPMGコンサルティングでは、ビジネスパーソンに求められるデジタル知識や技能、情報、活用能力などの度合いを数値で可視化する「デジタルリテラシー診断」（アンケート調査・分析）を行っており、企業のデジタルリテラシーの現在位置を可視化するのみならず、DX人材の育成を支援している。

❶デジタルリテラシー診断（構成）

図表4-2-1は設問の一例であるが、「デジタルのトレンド」「デジタルを活用したビジネスへの貢献」「デジタルリスク態勢」「デジタル教育と投資」の4つの知識領域に係る34の設問を定義し、アンケート調査と分析を通じて診断する。各項目についてレベル1〜4といった4つの選択肢を設定し、レベル2が標準スコアと

図4-2-1 デジタル診断項目（例）

視点		診断項目（全34項目から抜粋）
デジタルのトレンド	1	デジタルをベースとした新たなビジネス形態への適応ができているか
	2	先端技術（IoT/ドローン/BlockChain/AI（Cognitive）/RPA/AR・VR/5G等）を理解・活用できているか
	3	利用・構築しているシステムの意義・目的を理解できているか
	4	自社の各種システムの特長・用途を理解できているか
	5	クラウド技術を理解・活用できているか
デジタルを活用したビジネスへの貢献	6	デジタルを用いた業務効率化を理解・実践できているか
	7	業務上で収集できたデータの再取得・分析・活用の手法を理解できているか
	8	社内の業務プロセスモデルを理解できているか
	9	Excel/Word/PowerPoint/メールソフトの機能を理解・活用できているか
	10	ツールを用いた業務データのグラフ・チャート化ができているか
デジタルリスク態勢	11	自社の個人情報の社内外へのデータ共有リスクを理解・遵守できているか
	12	社内データへの外的アタック（不正アクセス、ウイルスによる情報漏えい等）のリスクを理解・把握できているか
	13	自社の情報セキュリティポリシー（ファイルパスワード、PC端末ロック、紙資料の保管等）を理解・遵守できているか
	14	自社のコンプライアンス（社内SNS上のモラル、ハラスメント、LGBTQ、等）対応を理解・遵守できているか
	15	自社のデジタルデータの保管ルールを理解・把握できているか
デジタル教育と投資	16	デジタル技術導入に特化した新しい開発手法（アジャイル型開発など）を理解できているか
	17	デジタルプロジェクト管理の意義、目的、考え方、手法を理解できているか
	18	システムの構成、処理形態（集中／分散）、利用形態（バッチ／リアルタイムなど）の特徴を理解できているか
	19	システムの性能（処理速度、キャパシティなど）や経済性（費用対効果）を理解できているか
	20	外部デジタルベンダーとの各種規約（NDA、SLA）や、業務遂行に関する法規（下請法など）を理解できているか

なるよう設計しており、もしレベル2より低い知識領域があれば、そこを重点的に強化していくようデジタル人材教育の計画立案を支援しているのである。

なお、アンケート調査を実施する際は、調査対象者の社員番号やeメールアドレスを入力していただくことが必須である。調査対象者の「部門」「役職」「勤続年数」「年齢」など、デモグラフィック情報を後の分析用に取得するためである。

❷デジタルリテラシー結果の分析、ギャップの特定と方向性の検討

4つの知識領域に係る34の設問の回答を回収した後は、「部門」「役職」「勤続年数」「年齢」などのデモグラフィック情報別に分析を進めていく。図表4-2-2は、部門別のデジタルリテラシーの平均点を相対的なヒートマップにしたサンプルである。縦軸をデジタルリテラシー設問、横軸を部門としたマトリックスであり、グレーが高スコア、斜線が低スコアを表している。我々の経験上、この結果には企業特性に裏付けられたデジタルリテラシーが如実に表れ、それぞれまったく異なる傾向・結果が得られる。図表4-2-2のサンプルでは、弱み(斜線の番号)が2つ、強み(グレーの番号)が3つ抽出されているのがわかる。

図4-2-2 デジタルリテラシー診断結果のヒートマップ（例）

アンケート分類：大分類	設問数	中分類		デジタル専門組織	営業部門	経営企画部	業務管理部門	営業支援部門	コンタクトセンター	監査部門	情報システム部門	営業企画部門	マーケティング部門	生産管理部門	製造部門	品質管理部門	財務・経理部門	総務部門	人事部門
A デジタルのトレンド	3	A1	デジタルトレンドの潮流とビジネスへの影響	2.82	1.63	1.96	2.15	2.02	1.95	2.42	2.58	2.54	2.70	2.12	2.17	1.90	2.55	2.17	2.07
	3	A2	各種デジタルソリューションの特徴	2.22	1.50	1.48	1.67	1.55	1.53	2.02	1.92	1.78	1.74	1.46	1.59	1.38	1.75	1.55	1.71
	3	A3	サービスやソフトウェア・ハードウェアの選択と適用	2.18	1.52	1.49	1.80	1.59	1.51	1.61	2.37	1.78	1.77	1.51	1.52	1.41	1.75	1.53	1.74
B デジタルを活用したビジネスへの貢献	3	B1	情報の取得・分析	2.22	1.50	1.55	1.96	1.61	1.62	1.61	1.87	1.99	2.03	1.61	1.68	1.64	2.69	1.72	1.61
	3	B2	業務プロセス改善の実施	2.22	1.44	1.46	1.53	1.53	1.44	1.41	1.92	1.85	2.00	1.56	1.43	1.50	1.61	1.61	1.59
	3	B3	デジタル技術操作・表現の技術	2.96	1.76	1.81	2.44	2.44	1.85	2.42	2.86	2.31	2.77	1.93	2.10	1.64	3.13	2.26	2.10
C デジタルリスク態勢	3	C1	デジタルデータに係る規程・方針	2.82	1.98	2.10	2.39	2.31	2.12	2.42	2.44	2.56	2.54	2.12	2.13	2.07	2.29	2.14	2.27
	3	C2	デジタルリスクと脅威	2.62	1.63	1.88	2.18	2.10	1.94	2.02	2.39	2.33	2.25	1.76	1.90	1.82	2.42	1.87	1.94
D デジタル教育と投資	3	D1	デジタル開発・運用の技術	2.66	1.34	1.33	1.43	1.49	1.32	1.21	2.27	1.66	1.61	1.26	1.30	1.41	1.21	1.32	1.41
	3	D2	デジタル関連法規	2.10	1.35	1.36	1.64	1.34	1.34	1.41	1.73	1.52	1.68	1.56	1.30	1.44	1.34	1.32	1.59
	3	D3	デジタルアーキテクチャ	1.90	1.39	1.29	1.37	1.36	1.29	1.21	1.97	1.52	1.54	1.31	1.30	1.38	1.34	1.29	1.29
平均（部門別）				2.43	1.55	1.61	1.87	1.76	1.63	1.80	2.21	1.99	2.06	1.66	1.68	1.60	2.01	1.71	1.76

1 2 1 2 3

それぞれの強み・弱みにおける部門別の現況を示唆するだけでなく、そこから「今後どこのポイントを強化すべきか」「どのような工夫をしてレバレッジを最大化するか」を仮説立てていく（図表4－2－3）ことで、今後の全社的なデジタルリテラシーの強化、つまり、社員の成長、教育方針のプランニングのインプットを得ることができる。

［3］デジタルリテラシーの向上（DX-Education）

さて、自社のデジタルリテラシーの現在位置を把握し、今後の人材育成の方向性が概ね可視化された後は、実際にどうデジタルの知見を醸成していけばよいのだろうか。ここでは、KPMGコンサルティングで提供している「DX-Educationサービス」のうち、「AI／Automation（自動化技術）学習」「DXユースケース学習」の2つを例に紹介していく。

❶AI／Automation（自動化技術）学習

DX専門組織やIT部門を除き、事業部門やコーポレート部門の社員にとっては、DXはもちろんのこと、「デジタルとは、どのようなものか」という理解が及ばず、詳細な説明もできないことが当たり前かもしれない。我々も多くの企業とディスカッションしてきたが、ほとんど

図4-2-3 デジタルリテラシー診断分析から導出される課題と強みの仮説（例）

課題

1

■デジタル専門組織、IT部門を除いた全部門で「D.デジタル教育と投資」が1ポイント程度であり、総じて低い。現状の業務範囲の中で、特にテクノロジー領域に深く関連したデジタル開発プロセスやプロジェクト管理、およびデジタル関連法規(外部ITベンダーとの契約・取り引き含む)に関しては、触れる機会が少なくリテラシーが低くなっていると見受けられる。

■今後デジタル専門組織がリードしてDXを進めていくなかで、社内のデジタル化だけでなく、社外に対するデジタル活用へと準備を進める必要がある。当該領域のリテラシーに関しても社内外でのコミュニケーションが増えていくと想定されるため、全社的に知見を強化していく必要があると思われる。

2

■デジタル専門組織、IT部門、営業企画部門、マーケティング部門を除いた全部門で、「A2. 各種デジタルソリューションの特徴」「A3. サービスやソフトウェア・ハードウェアの選択と適用」「B1. 情報の取得・分析」「B2. 業務プロセス改善の実施」が1ポイント超程度であり、総じて低い。

・A2,A3低スコア・・・自部門が利用しているデジタルソリューションがなぜ存在するのか、どの程度役に立っているのか説明を受ける機会がなかった、またはこれまで関心がなかったのではないか?

・B1,B2低スコア・・・データを駆使して業務を推進する、ならびに業務プロセスを変えていく重要性について教育を受けてこなかったのではないか?

■今後は自社のデジタル戦略はもちろんのこと、「なぜこのシステムが必要だったのか」について社員へ理解を深め、自分ごととして捉えていくマインドチェンジが必要と思われる。また、データドリブン経営に向けて、「データ取得・分析に関するスキル」、その結果から「自部門の業務プロセスの課題を特定・改善していくスキル」は極めて重要であり、全社員のリテラシー底上げの必要があると思われる。

強み

1

■デジタル専門組織、IT部門はすべての項目について、総じて他の部門よりスコアが相対的に高い。これまでデジタルに関する業務に携わり、専門性を深めてきた結果と言える。日常業務で必要なデジタルに関わるノウハウ・知見に関する、教育の効果が出ている可能性がある。

■ただ、平均スコアは2程度にとどまっており、デジタル時代への対応能力をさらに上げていく必要がある。2年間で平均スコアを“3”程度まで上げていき、その他部門への教育者としてスキルアップしていくことが望ましい。

2

■「B3. デジタル技術操作・表現の技術」「C1. デジタルデータに係る規程・方針」「C2. デジタルリスクと脅威」に関して、全部門通じて総じてスコアが高い。

・B3高スコア・・・業務特性上、パソコンを利用した事務作業、報告資料作成に接する機会が多く、OJT的にスキル向上ができているのではないか?

・C1,C2高スコア・・・業務特性上、セキュリティやコンプライアンスは極めて重要な管理項目であり、当該領域の教育の効果が出ているのではないか。

■ただ、平均スコアが2未満の部門が多く存在することも事実であり、今後のDX時代ではリスクも同様に複雑化していくため、2年間で全部門の平均スコアを“2”程度まで上げていくことを検討するべきである。

3

■財務・経理部門は、「B1. 情報の取得・分析」の項目についてスコアが相対的に全部門トップである。部門特性上、データを駆使したスキル向上が自然に進んでいるか、または、何か独自の取り組みをしている可能性があるため、部門に確認し、良いノウハウがあれば、取り組みを横展開していくことを検討するべきである。

どの企業がこの状況に該当していた。

そのため、まずは多数参加型のオンラインミーティングを利用し、「デジタルとは何か、また、ITとの違いは何か」「これからの時代に備えるDXとは」「業務課題を解決するデジタルソリューションとは」といったようなテーマでAI／Automation（自動化技術）を題材に加えつつ（図表4－2－4）、社員向けに広く数十人～数百人に対し、「肌触り感のあるデジタル」を粘り強く、説明・啓蒙していくべきである。

その際に気をつけるべきことは、「デジタルは決して自身の仕事を奪うものではない」「今後はデジタルを効果的に利用し、協働していくことが重要である」ということを丁寧に、継続

図4-2-4 AI／Automation（自動化技術）学習マテリアル（例）

RPA/AI	RPA/AIの紹介	導入部として、RPA・AI誕生の背景、RPA/AIの概念、社会レベル、企業レベルでのRPA/AIによるインパクトについて解説する
	RPA/AIのビジネス展開	RPA/AIマーケットのニーズ、活用事例を通じたRPA/AIの利便性や有用性、RPA/AIソリューションベンダのトレンドについて解説する
	RPA/AIの導入アプローチ	これまでの知見・経験に基づいた、RPA/AIの導入アプローチ、RPA/AIパイロットフェーズの進め方、RPA/AIの先行導入・全社本格導入フェーズの進め方、またリスクや陥りがちな罠について解説する
Intelligent Automation (IA)	IAの概要	インテリジェントオートメーション（IA）市場予測、プロセス自動化の捉え方、IAの概念、必要性、ポジショニングについて解説する
	IAの特徴	IAにおけるオペレーションとこれまでの技術適用との違い、いかにしてオペレーション省力化と精度向上、システム連携の容易性向上がされるか、IAのメカニズムについて解説する
	IAによって期待される効果	IAによって享受できる効果（オペレーションのEnd to Endの連続化、業務可視化、ROIの改善など）について、ユースケースを交えて解説する
	直面する課題とIAの実現	労働人口減による社会的課題、テクノロジー適用鈍化に見られる企業課題など、直面する課題と、それを解決するIA導入のアプローチ（計画、導入、導入後の対応）について解説する

的に伝えていくことと考える。場合によっては、このようなセッションをアーカイブし、社内ポータルに公開したうえで、いつでも何度でも視聴できるような状況を準備し、継続的なカルチャーチェンジに粘り強く取り組むことを推奨する。

❷DXユースケース学習

AI／Automation（自動化技術）学習により、社員にDXの有益性を感じてもらった後は、「実際にデジタルソリューションが自社および自身の業務に適用できるか」について知ることが重要である。つい陥りがちなのが、「同業他社事例の収集・理解」というアプローチである。この手法も一定の効果はあると認められるが、本当に競合他社に対して競争優位に立つことを目指すのなら、同業他社が行っているDXを模倣するだけでは事足りないと我々は考える。

我々が推奨するのは、「他業種までスコープを広げたDXユースケース学習」である。図表4-2-5に示す通り、自社と関連しない企業（たとえば自社が製造業なら小売・百貨店・アパレル業界など）のDXユースケースを収集していく。それらの事例から、「デジタルソリューションの活用ポイント」を図表の右端のセル「デジタルケイパビリティーの水平思考参考ポイント」として抽象化し、抽出していくのである。

図4-2-5 DXユースケース学習（例）

	業種/機能	ユースケース概要	ユースケース詳細	デジタルケイパビリティーの水平思考参考ポイント
1	小売店	OMOが高精度化、店舗の運営コストは半減	AIの活用により、発注端末が電子化され、無人化を実現。顧客データの分析や需要予測に基づく適切な発注、在庫管理が可能となる。ECとのデータ連携に加えて、店舗内でこれまで取得できなかったデータを取得できるようになり、より精度の高い需要予測が可能になる。従来は店側が商品を選択し、顧客がニーズに合ったものを選択していたが、今後は店側がデータ分析により把握した顧客ニーズに合わせた商品を選択し、店舗運営の効率化が可能になる。	■ 顧客の行動分析(AIカメラによる画像・AIによる動画解析)によるニーズ(需要)特定 ■ 需要予測に基づいた商品発注数の特定 ■ AIの画像認識・評価技術による商品情報の特定と状態チェック
2	百貨店・GMS	ショールーミングを収益化 データをもとに商品をプロデュース	AIの活用により、利用者の購買内容などのデータを分析することが可能になり、モノを売ることから、飲食やサービスの提供を軸とする新たなサービスに進出。従来は購買内容などのデータを自社内で活用するのみだったが、今後はこうしたデータをメーカーや卸などにも提供し、「新たな商品・サービスをプロデュースする存在」となる。店舗内に配置されたセンサーやカメラの情報をリアルタイムで収集し、メーカーと協業・商品開発を行うことが可能になる。	■ オフライン顧客の行動分析からオンラインへの誘引（クレジットカードなどのID連携前提） ■ 売り場での顧客行動分析（AIから得られたビッグデータ）から他事業へのインサイトを特定（マネタイズポイントのシフト/プラットフォーマー化）
3	アパレル	「見えなかった顧客の行動」を可視化 AIで店内レイアウトを最適に	AIの活用により、店内のカメラ映像による行動データの取得と会員データの紐づけが可能になり、顧客が商品購入に至る、または至らないプロセスに関するデータが可視化された。顧客の行動データを蓄積し、リテール向け最新デバイスなども活用することで、「個客」にパーソナライズした対応が可能になる。店舗とECの連携により、来店前から来店後までを含めた顧客理解が進む。	■ 「AIカメラによる顔認証・顧客特定」と会員データの紐づけ ■ 顧客行動分析による従業員行動の再定義 ■ 顧客に合わせたデジタルディスプレイの最適化・高度化（AIパーソナライズ）によりCX高度化 ■ スマートミラーによるバーチャルフィッティングとAIリコメンドによりCX高度化

抽象化した当該情報は、粒度が大きくなることで特定業種にとらわれない極めて価値の高い情報群となる。この情報を基に、「自社のどのような業務に適用すれば付加価値の高いＤＸが実現できるか」という点に落とし込む検討を進める。この「具体化（同業種・異業種の他社成功事例）↓抽象化↓再具体化（自社ならではの水平思考・ＤＸ活用アイデア検討）」という作業が、企業のイノベーション創出に重要であると、我々は強く推奨している。この取り組みこそが社員にとって「デジタル技術を自社業務に適用するとしたらどこのポイントが効果的か」と検討するトレーニングになるから、である。この学びは大きい。仮説をもってデジタル技術の活用を検討し、机上でも、あるいは実際に検証してみることで「どうしたらもっと効果的に考えられるか」を繰り返し検討することを経験する。これこそが改革の原動力が育つ瞬間なのだ。

なお、ＫＰＭＧコンサルティングでは１００種以上のユースケースを保有しており、ワークショップ形式でインプット・アウトプットの実践を支援している。

第4章　第2項のまとめ

▼来るデジタル時代に備え、企業における全社ＤＸ推進には自社の全社員のデジタルリテラシーの現在位置把握がキーポイントとなる。

▼事業部門やコーポレート部門は自身の目の前の業務遂行に関連のあるデジタルリテラシー（ＯＡツールや基幹システム操作、など）のみ具備している傾向がある。

▼デジタルリテラシー診断により、「部門」「役職」「勤続年数」「年齢」などのデモグラフィック情報も踏まえて分析し、強みと弱みを可視化する。

▼デジタルリテラシー向上に向け、全社員向けに「肌触り感のあるデジタルの理解」を目指し、粘り強く説明・啓蒙していくことが重要である。

▼ＤＸユースケース学習を通じ、「デジタル技術を自社業務に適用するとしたらどこのポイントが効果的か」と検討するトレーニングを繰り返し実施することが重要である。

4-3 DX銘柄の選定に向けたDX認定制度およびデジタルガバナンス・コードへの対応

全社DX推進を行ううえで、「戦略立案」「組織／人材定義」「テクノロジー整備／拡張」といった企業における〝内向きの活動〟を重視することは一義的には正しいアプローチではある。ただ、自社が行っているDX推進状況を社外のステークホルダー（マーケットや、株主など）へ発信していく〝外向きの活動〟へ目を向けることも、企業価値向上に向けた大切なアクションである。

本項では〝外向きの活動〟の一つである「DX銘柄・DX認定制度取得」についてフォーカスを当てていく。

［1］国のＤＸ推進施策と企業の課題

❶ＤＸ銘柄とＤＸ認定制度

国が企業のＤＸに〝お墨付き〟を与える「ＤＸ銘柄」や「ＤＸ認定制度」といわれる仕組みがある。

ＤＸ銘柄は、２０１５年に経済産業省が発足させた「攻めのＩＴ経営銘柄」を、２０２０年に「ＤＸ」に焦点を当てる形に改めたもので、「デジタル技術を前提として、ビジネスモデルなどを抜本的に変革し、新たな成長・競争力強化につなげていくＤＸに取り組む企業」と定義されている。ＤＸ銘柄は、東京証券取引所の上場企業を対象に年次で選定され、これには「ＤＸ認定」の取得が必須となる。ＤＸ認定制度は、上場企業に限らずすべての事業者を対象に、国が策定した指針である「デジタルガバナンス・コード」（詳細は後述）を踏まえた取り組みを行う事業者を通年で選定し、ＤＸを推進できる体制が整っている状態（DX Ready）になっていることを認定するものである（図表４－３－１）。

最近では、ＤＸ税制（ＤＸ投資について税額控除が受けられる制度）の適用資格要件の一つとしてＤＸ認定が指定されていることもあり、ＤＸ認定を早期に取得したい企業が一気に急増してきている。

❷ＤＸ銘柄が示す日本企業の課題

我々が着目しているのは、ＤＸ銘柄の目的である。ここでは、「ＩＴ利活用の重要性に関する経営者の意識変革を促す」ということ、また「投資家を含むステークホルダーへの紹介を通して評価を受ける枠組みを創設し、企業によるＤＸの更なる促進を図る」とされている。

これらは、ＤＸに対する経営者の意識や、ＤＸによる企業価値の向上といった点に重き

図4-3-1 DX銘柄・DX認定制度の体系

制度		主体	根拠法	基準	自己診断指標	定義
DX銘柄	DXグランプリ	経済産業省と東京証券取引所	–	デジタルガバナンス・コード	DX推進指標	「DX銘柄」選定企業の中で、業種の枠を超えて、"デジタル時代を先導する企業"
	DX銘柄					デジタル技術を前提として、ビジネスモデル等を抜本的に変革し、新たな成長・競争力強化につなげていくDXに取り組む企業
	DX注目企業					DX銘柄に選定されていない企業の中から、特に企業価値貢献部分において、注目されるべき取り組みを実施している企業
DX認定	DX認定企業	経済産業省とIPA	情報処理促進法			「ビジョン策定や、戦略整備を既に行い、ステークホルダーとの対話からデジタル変革を進めガバナンス向上の準備が整っている(DX-Ready)企業
	DX-Ready以前					ビジョンの策定や、戦略・体制等の整備に、これから取り組む事業者（認定/選定に基づくものではない）

（経済産業省のウェブサイトを参考に、KPMGコンサルティング作成）

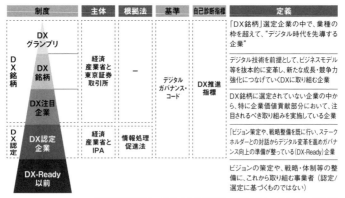

が置かれ、一般的にＤＸの目的とされる労働生産性の向上といったものとは一線を画している。これらＤＸ銘柄の目的は、ＤＸを推進する現場からよく発せられる課題認識と共通しており、これまで日本企業のＤＸが遅々として進まなかった要因をうまく言い当てていると考えている。

❸ＤＸを阻害するもの

リモートワークの普及もこれらを後押しする形となり、昨今の企業のＤＸ施策では、ロボティック・プロセス・オートメーション（ＲＰＡ）や人工知能（ＡＩ）ツールによる作業の省力化、モノのインターネット（ＩｏＴ）を活用した遠隔作業支援など、比較的新しいデジタル技術の導入が目立っており、これと併せてＩＴガバナンスの仕組みも見直すといった動きが活発化している。

ただし、こうした中で経営者自身がＤＸの必要性や本質的な意義を理解して、社内外のステークホルダーに「自分の言葉」で語ることができているかというと、若干心もとないと感じている企業もあるだろう。このような企業のＤＸプロジェクトリーダーにとっては、「経営者のＤＸリテラシーをどのように高めればよいか」というのが喫緊の課題となっている。たとえば、「ＤＸを進めるように指示されたが、その目的や達成事項が不明」「守りのＩＴには理解を示すが、攻めのＩＴ投資には難癖をつけられる」などの出来事が、「経営陣のＤＸに対する理解不足によるものだ」という疑念となり、その後も「果たしてＤＸによる施策を打ち立てたとして、納得してもらえるのか」「実行予算案の妥当性を判断できるのか」といった不安につながっていくのである。

その理由は、「ＤＸ」というワードの流行とともに、旧来の「従業員のＩＴリテラシー向上」というテーマから、今度は「経営陣のリテラシー向上」について課題を抱えるようになったためである。特にＤＸ銘柄やＤＸ認定の獲得を狙う大企業は、その規模に比してボトムアップでの進言が難しい環境であることが多く、先述のような疑念や不安に対しては、現状のＩＴ環境の課題を洗い出したり、マーケットや競合の動きなどから自社のポジションを客観的に把握したりして、間接的に経営者への気づきを促す動きを取ることが有効である。このような「経営陣のリテラシー向上」といった課題をクリアにすることは、ＤＸ銘柄の一つめの目的である「ＩＴ利活用の重要性に関する経営者の意識変革を促す」ということにもつながるのである。

❹ＤＸ推進状況の開示による企業価値向上

ＤＸを推進する企業では、ＤＸ施策を経営目標の一つに掲げて中期経営計画などに織り込む、といったことなどがよく行われている。しかしながら、積極的に社内外のステークホルダーに開示し、その成果をうまくマーケティングに活用できている企業はまだ限られる。その背景には、「自社のＤＸ推進状況の詳細を開示するには時期尚早（この程度と思われたら恥ずかしい）」「競合に知られたくない（自社の優位性が損なわれそう）」といった、さまざまな理由があるように思われる。

さらに、ＤＸ銘柄に関心のある経営者にとっては、ＤＸ銘柄の目的の一つである「投資家を含むステークホルダーへの紹介を通して評価を受ける枠組みを創設し、企業によるＤＸのさらなる促進を図る」点の取り組みにおいて、その趣旨を理解できても、どこまで開示すべきかが悩みどころのようである。外部の目からすれば、1社のＤＸの取り組み状況が顧客や競合に知れたとしてもマイナスとはならず、むしろ新しい技術への積極性を示すことによる企業イメージの向上や、それが先端テクノロジーを含むものであれば、共同開発や協業の動きも促されることが期待できると考えられる。

ＤＸ銘柄が掲げる目的は、これら課題の解決のポイントを突いたものであり、日本企業の弱みをよく捉えていると我々は考えている。ＤＸ銘柄やＤＸ認定の取得を目指す企業が自社の取り組み姿勢を開示することは、他社のお手本となったり、企業のパフォーマンスとして評価を得られたりするものとなり、ステークホルダーからの見え方も変わってくるだろうし、株価の上昇にもプラスの効果があるとも考える。この情報が後に続こうとする企業のＤＸ施策検討に役立つことはもちろん、他社との比較によりＤＸにまつわる自社の立ち位置の把握が容易になるという効果をもたらすと我々は考えている。併せて、これまで独自の改革路線を突き進んできたものの、その達成度を捉えきれていなかった企業にとっては、自社の立ち位置を知るベンチマークともなり、他社に倣いながら、標準化を進めていくべき業務の選別や、独自技術で先頭に立つための戦略や手段を吟味するうえでも役立ち、結果として日本国内の産業の発展に寄与する貴重な情報資源となる。

［２］ＤＸ銘柄、ＤＸ認定を意識した取り組みの要諦

❶デジタルガバナンス・コードとＤＸ認定制度・ＤＸ銘柄との連動

経済産業省が示した「デジタル経営の指針」であるデジタルガバナンス・コードは、それ自

体が法的な強制力を有するものではないが、ＤＸ認定制度やＤＸ銘柄と連動させながら（図表４－３－２）、企業経営者の自主的取り組みを促すための仕組みであるのが特徴である。

デジタルガバナンス・コードの冒頭では、「我が国企業のＤＸの本格的な取り組みが遅れていること」「企業のＤＸを進める能力を無形資産と捉えた、経営者とステークホルダーの対話が不十分であること」が課題として強調され、本編がこれに対する経営者の対応指南という構成になっている。従って、デジタルガバナンス・コードを自社ＤＸの目標設定や取り組みの達成状況を測るためのチェックシートとして活用することで、自ずとＤＸ認定やＤＸ銘柄の取得にもつながっていく。また、デジタルガバナ

図4-3-2 デジタルガバナンス・コードとDX認定制度・DX銘柄との連動

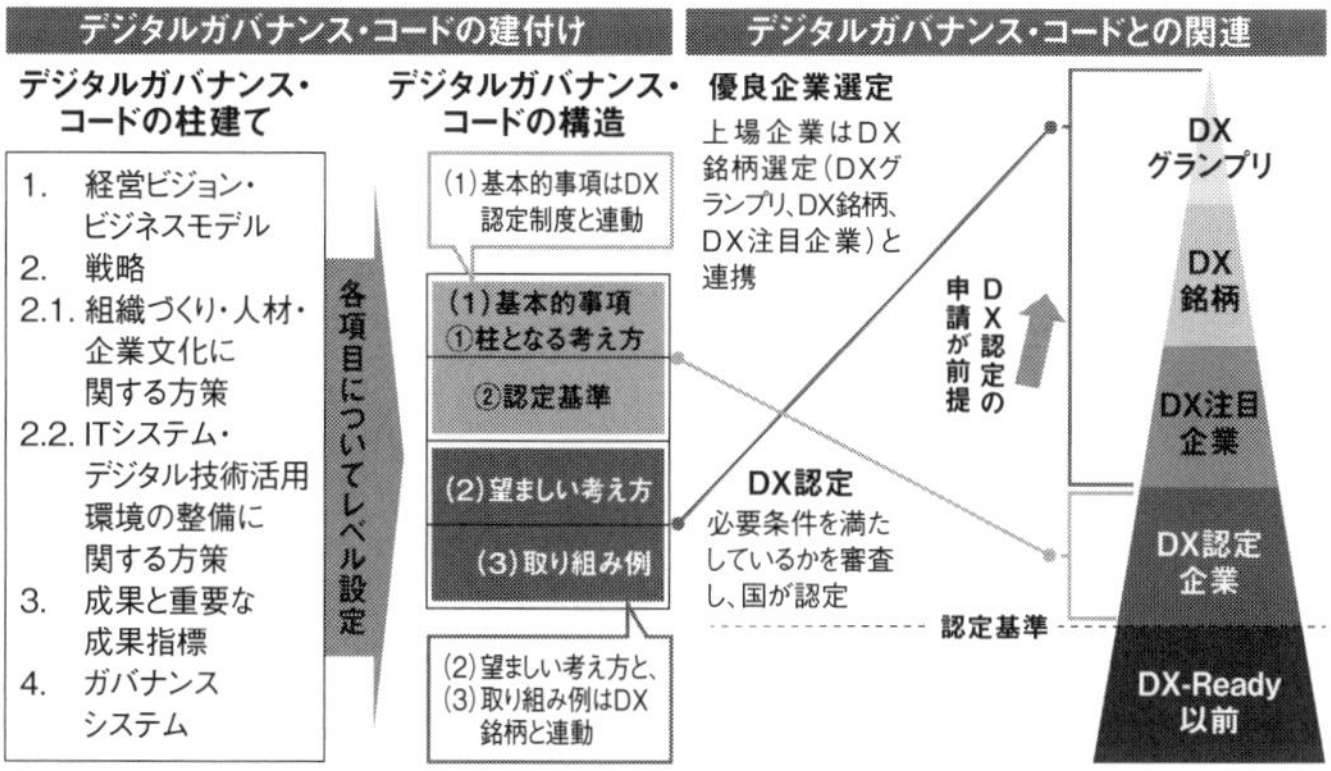

（経済産業省のウェブサイトを参考に、KPMGコンサルティング作成）

ンス・コードにおいてもＤＸ銘柄と同様に経営者が深くＤＸ推進にコミットメントし、経営ビジョンやビジネスモデルの方向性と併せて、企業の重要業績評価指標（ＫＰＩ）をステークホルダーに公表することが求められている。

❷ＤＸ活動計画と現場の納得

ＤＸ施策を活動計画に落とし込む際には、経営者が会社のＤＸ方針や戦略を明示したうえで現場の社員に具体的な活動内容を検討してもらい、費用対効果などの有効性や、組織や技術的な観点による実現性を評価する仕組みが必要である。また、施策は経営者や社員の意識変化が伴う内容であることを考慮すべきなのだが、難しく考えずに、まずは現場からざっくばらんに意見を収集したり実態を聞いたりすることから始めてもよいだろう。

なぜなら、実のところＤＸは現場先行型であることも多く、たとえば、Ａ社のケースでは、人手不足に悩む現場主義の文化が根強い企業で遠隔作業に必要な仮想現実（ＶＲ）や拡張現実（ＡＲ）の技術導入の是非を議論している中で、経営陣の心配をよそに、すでに現場では試行導入を始めていた。また、Ｂ社のケースでは、高度な専門知識や資格が必要とされ属人化が問題となっていた職場では、若手が中心となり先輩社員から得たノウハウを一カ所に集めて共有し、仕事のプロセスを標準的なものに統一するためのナレッジマネジメントの仕組みを整えようとしていた。

DX銘柄やDX認定を取得する企業側の目的や思いは、必ずしもDX施策推進を進める現場の納得と一致するとは限らない。ともすればDX銘柄やDX認定を取得することが目的化してしまうこともあるかもしれないが、このような事態は避けるべきと考える。あくまで、DX銘柄やDX認定は、経営・ビジネス戦略を遂行するうえで〝結果的にたどり着けたステージ〟であり、重要なのは経営・ビジネス戦略と整合したDX施策推進が、現場の納得を得られることである。そのような関係をまとめたフレームワークを紹介する（図表4－3－3）。

図4-3-3 DX銘柄・DX認定と連動した DX推進検討フレームワーク（例）

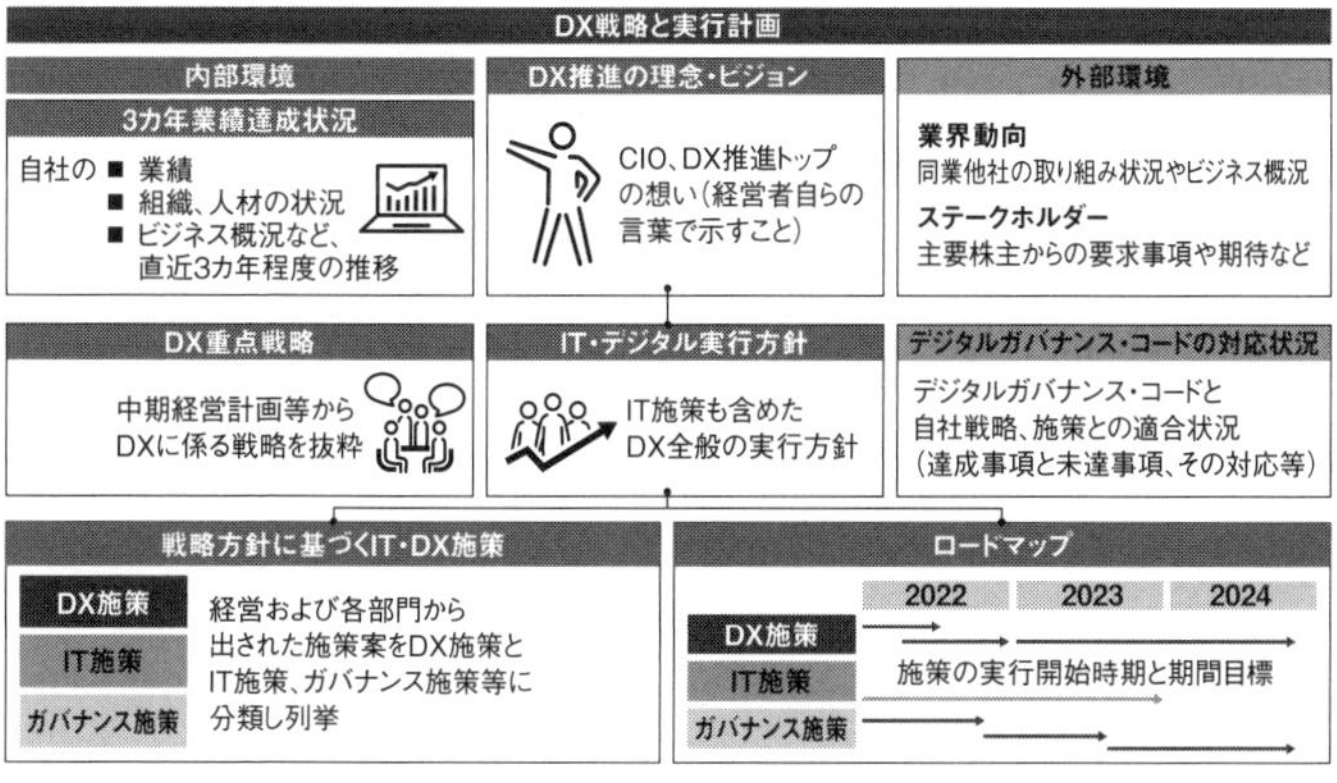

いずれも我々の印象に残る例として挙げたが、両社に共通していたのは、現場主導でのDXが必然性をもって行われ、かつ、このような自社の取り組みを同業他社にも共有することで「国内産業や業界自体を活性化したい（これにより有能な人材も集まる）」との想いがあったことである。

第4章　第3項のまとめ

▼経済産業省が企業のDX活動を評価する「DX銘柄」「DX認定制度」が存在する。
▼DX銘柄やDX認定の取得を目指す企業が自社の取り組み姿勢を開示することは、ステークホルダーからの見え方・株価にプラスの効果を与える可能性がある。
▼とはいえ、DX銘柄・DX認定を取得することが目的化してしまうような事態は避けるべきである。
▼経営・ビジネス戦略と整合したDX施策推進が、現場の納得を得られたうえで行われ、結果的にDX銘柄・DX認定が取得されている状態が望ましい。

第5章

DXMO設立手法と未来へ向けた羅針盤

DX 専門組織を設立する企業は年々増えており、非常によい傾向であると考えるが、実は立ち上げ時に DX 推進の計画を正しく・丁寧に行わないとその組織はただの箱となり、何年たっても DX は成功しない。
本章では、具体的かつ詳細な DX 専門組織設立の正しい進め方と、その先を見据えたロードマップ立案方針について提言する。

5-1

DX専門組織を実際に立ち上げるステップ

本書において、これまでDX推進における「戦略」「組織／人材」「テクノロジー」に係る大きな方向性やフレームワーク、DXガバナンス、つまりはDX専門組織が全社DXを進める旗振り役になり得るための、押さえるべき要点について解説してきた。本章では、DX専門組織を設立し、経営層から一般社員までの全社ステークホルダーの納得を得たうえで醸成すべきDXのモメンタムのなか、当該活動をいかに継続的・効果的に進めていくべきか——DX専門組織の設立アプローチとともに、大局的なロードマップの策定、次世代DXに向けた次のステップについて詳細かつ具体的に解説していく。

【1】DX専門組織をいかに立ち上げていくか

昨今、日本企業で「DX専門組織を創設した」といったニュースを目にすることが多くなってきている。それは我が国のDX促進において非常に喜ばしいことではあるが、多くの場合「組織の箱を作ったはいいものの、誰が何をすべきかがまったく決まっていない、何をどう進めればよいのかがわからない」という声が挙がる。そのままでは、せっかくDX専門組織を設立したものの、それは単なる箱にすぎず、全社DXを推進するどころか、存在が形骸化していき、「全社DXの成功は困難であり、徒労であった」というネガティブなイメージを全社員が抱く危険性すらある。

そういった事態を回避すべく、本項では、実際にDX専門組織を設立し、立ち上げていく際に、どのような手順とアプローチで効率的・効果的に進めていくべきかについて、具体的に解説していく。既存のIT部門とは、「目的や狙い、事業部門を支援する領域」が異なるDX専門組織を、着実に、また、盤石な形で立ち上げるには、単にリソースを投入するだけではなく、意思と戦略を持って一つひとつのタスクを計画的に進めていくことが肝要である。特に、

3カ月程度の短期間でDX専門組織を垂直立ち上げする場合はなおさらである。立ち上げのアプローチとしては、「1．あるべき姿の明確化」「2．企画・設計」「3．運用準備」「4．DX専門組織　試行運用」「5．DX専門組織　本格運用」の5段階の手続きを推進することを推奨する（図表5－1－1）。

❶あるべき姿の明確化

DX専門組織の設立を意思決定したら、最初に「DX専門組織のあるべき姿」を明確化する。どんな組織体でも、その組織の「存在意義」をまず定義しないと、参画メンバーの意識統一がままならず、今後の活動にブレが生じる可能性が高くなる。

「**①DX専門組織の位置づけ明確化**」

ここで改めて、自社の中期経営計画やビジネス視点の全社戦略をしっかりと確認・把握する。その後、DX専門組織の**「ビジョン・方針の明確化」**を行っていく。組織の存在意義や方向性を言語化することは、メンバーたちの納得感や意識醸成を得るための準備にもなるのである。

次に、**「想定顧客（内外）の期待把握」**を行う。DX専門組織が関与する企業内の部門、場合に

図5-1-1 DX専門組織の立ち上げアプローチとタスク（例）

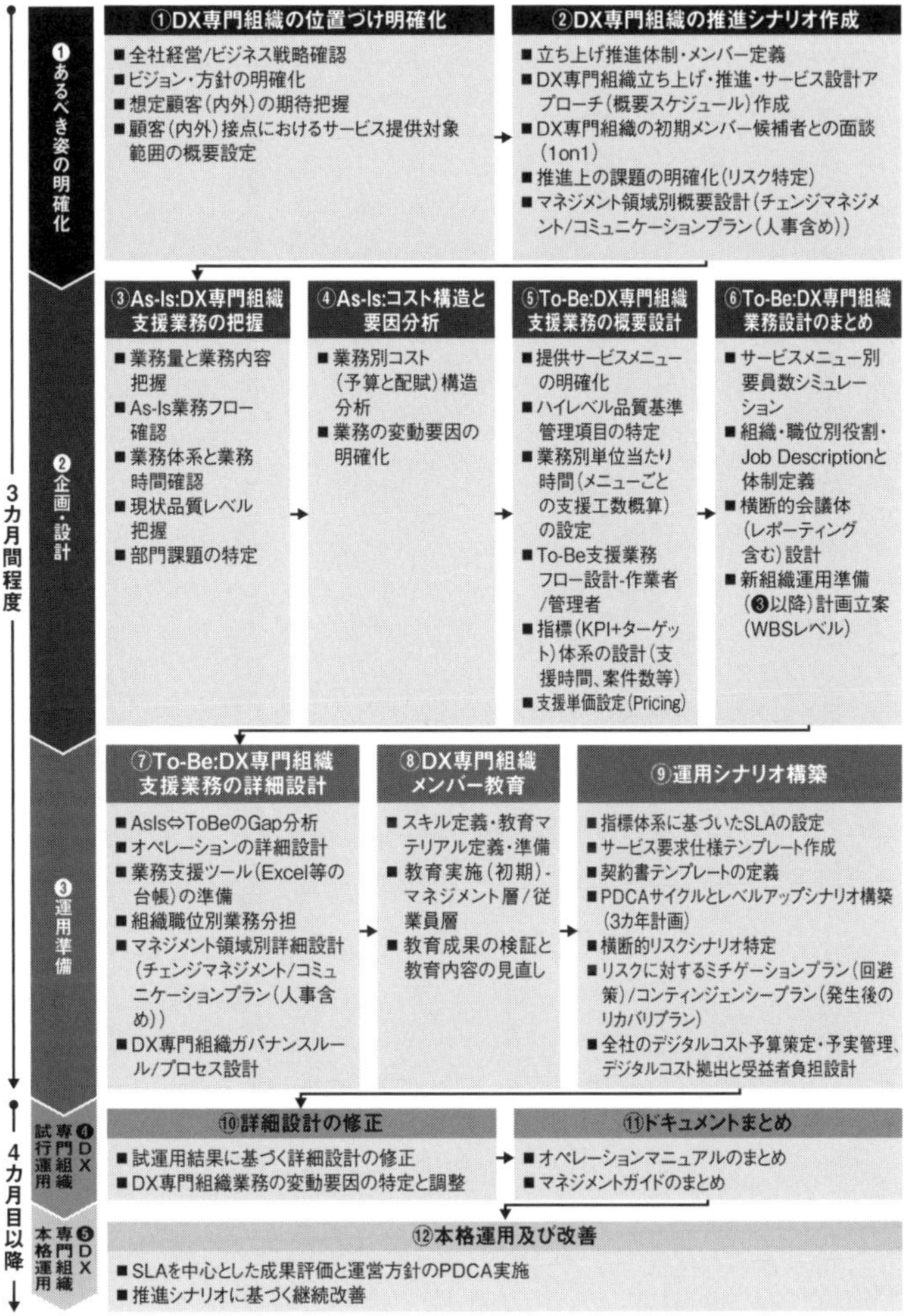

3カ月間程度
4カ月目以降
❶あるべき姿の明確化
①DX専門組織の位置づけ明確化
■全社経営/ビジネス戦略確認
■ビジョン・方針の明確化
■想定顧客（内外）の期待把握
■顧客（内外）接点におけるサービス提供対象範囲の概要設定
②DX専門組織の推進シナリオ作成
■立ち上げ推進体制・メンバー定義
■DX専門組織立ち上げ・推進・サービス設計アプローチ（概要スケジュール）作成
■DX専門組織の初期メンバー候補者との面談（1on1）
■推進上の課題の明確化（リスク特定）
■マネジメント領域別概要設計（チェンジマネジメント/コミュニケーションプラン（人事含め））
❷企画・設計
③As-Is:DX専門組織支援業務の把握
■業務量と業務内容把握
■As-Is業務フロー確認
■業務体系と業務時間確認
■現状品質レベル把握
■部門課題の特定
④As-Is:コスト構造と要因分析
■業務別コスト（予算と配賦）構造分析
■業務の変動要因の明確化
⑤To-Be:DX専門組織支援業務の概要設計
■提供サービスメニューの明確化
■ハイレベル品質基準管理項目の特定
■業務別単位当たり時間（メニューごとの支援工数概算）の設定
■To-Be支援業務フロー設計-作業者/管理者
■指標（KPI+ターゲット）体系の設計（支援時間、案件数等）
■支援単価設定(Pricing)
⑥To-Be:DX専門組織業務設計のまとめ
■サービスメニュー別要員数シミュレーション
■組織・職位別役割・Job Descriptionと体制定義
■横断的会議体（レポーティング含む）設計
■新組織運用準備（❸以降）計画立案（WBSレベル）
❸運用準備
⑦To-Be:DX専門組織支援業務の詳細設計
■AsIs⇔ToBeのGap分析
■オペレーションの詳細設計
■業務支援ツール（Excel等の台帳）の準備
■組織職位別業務分担
■マネジメント領域別詳細設計（チェンジマネジメント/コミュニケーションプラン（人事含め））
■DX専門組織ガバナンスルール/プロセス設計
⑧DX専門組織メンバー教育
■スキル定義・教育マテリアル定義・準備
■教育実施（初期）-マネジメント層/従業員層
■教育成果の検証と教育内容の見直し
⑨運用シナリオ構築
■指標体系に基づいたSLAの設定
■サービス要求仕様テンプレート作成
■契約書テンプレートの定義
■PDCAサイクルとレベルアップシナリオ構築（3カ年計画）
■横断的リスクシナリオ特定
■リスクに対するミチゲーションプラン（回避策）/コンティンジェンシープラン（発生後のリカバリプラン）
■全社のデジタルコスト予算策定・予実管理、デジタルコスト拠出と受益者負担設計
❹DX専門組織試行運用
⑩詳細設計の修正
■試運用結果に基づく詳細設計の修正
■DX専門組織業務の変動要因の特定と調整
⑪ドキュメントまとめ
■オペレーションマニュアルのまとめ
■マネジメントガイドのまとめ
❺DX専門組織本格運用
⑫本格運用及び改善
■SLAを中心とした成果評価と運営方針のPDCA実施
■推進シナリオに基づく継続改善

よってはグループ企業や社外へのサービス提供も踏まえ、どのようなニーズがあるのか、何を求められているのかを理解しておく。こうすることで、組織運営において効果的な貢献ができないまま時間だけが過ぎてしまうといった事態を回避できる。

さらに、**「顧客（内外）接点におけるサービス提供対象範囲の概要設定」**において、ＤＸ専門組織が支援すべき社内外のステークホルダー（法人格や事業部門など）を特定し、ステークホルダーにどのようなサービスを提供していくか、概要レベルでアウトラインを策定する。これらの検討により、自分たちが何のために、誰に対して、どのような支援を行っていく組織なのか、概要レベルで骨子を固めていく。

「②ＤＸ専門組織の推進シナリオ作成」

①で概要レベルの組織方針の骨子が完成したら、ＤＸ専門組織の推進シナリオを作成する。**「立ち上げ推進体制・メンバー定義」**で、初期メンバーの人数や人物を特定するのである。

次に、**「ＤＸ専門組織立ち上げ・推進・サービス設計アプローチ（概要スケジュール）作成」**として、立ち上げに至るスケジュールを週単位の粒度、担当者も明記したうえで計画していく。それをインプットに、**「ＤＸ専門組織の初期メンバー候補者との個人面談（１ｏｎ１）」**を行い、ＤＸ専門組織のあるべき姿や意義、進め方を説明し、候補者のＤＸに対する意思や意識を確認する。候補者の納得感を得て視線を合わせる、この手続きがないまま組織運営をスタートさせると、キックオフをしないままプロジェクトを開始して迷走してしまうことと同じような事態になりかねない。

次に**「推進上の課題の明確化（リスク特定）」**を行う。組織運営に潜むリスクは、企業や組織文化によってさまざまだが、早い段階で将来的なリスクにも目を向けることにより、健全な組織運営の実現につながるのである。ＤＸ専門組織の運営は、多様なステークホルダーと連携しつつ、変革を進めていくことが肝要である。

続いて、**「マネジメント領域別概要設計（人事を含めたチェンジマネジメント／コミュニケーションプラン）」**で、これまでに作成したＤＸ専門組織の推進シナリオをどのように進めていくべきか、手順や頻度、手法について、方針レベルで整理することが重要である。また、ＤＸ専門組織へ他部門から人材を招集する場面がやってくることも想定し、人事部門を巻き込み、情報連携についても方針を検討しておくことが望ましい。

❷企画・設計

ＤＸ専門組織のあるべき姿を明確化した後は、さらに一歩進んで、ＤＸ専門組織の運営に係る企画の検討と各種設計に着手し、具体化を進めていく。

「③Ａｓ－Ｉｓ：ＤＸ専門組織支援業務の把握」

ＤＸ専門組織は、企業がこれまで行ってこなかった新たな取り組みも実行することになる。デジタルＣｏＥ（Center of Excellence：デジタル知見に特化した知的専門集団）として、これまで各部門で行われてきた「デジタルに係る業務の集約・実行」、また、外部ベンダーに委託していた「専門業務の代行」を担当することになる。そういった意味で、自社のデジタルに係るＡｓ－Ｉｓ（現行の）業務を整理・把握し、現在地の可視化を行うことが肝要である。

まずは、部門ごとに行われていたデジタルに係る、またＤＸ専門組織が将来的にカバーする**「業務量と業務内容把握」**を行い、その業務が視覚化・整理された**「Ａｓ－Ｉｓ業務フロー確認」**を行う。企業によっては、必ずしも現行の業務フローが存在するとは限らないため、有用な情報として活用するという位置づけで構わない。

次に、どのようなチーム編成で、どのように業務連携されていたのか、また、各業務にどの程度の工数をかけていたのかを把握する目的で、**「業務体系と業務時間確認」**を行う。その際、実際の業務品質（ドキュメント品質、開発プログラム品質等）はどの程度だったか、また、どのような判定基準で品質評価をしていたかを確認する目的で、**「現状品質レベル把握」**を行う。さらに、DX専門組織で新たに対応すべき事案を探る目的で、**「部門課題の特定」**を行っていく。各部門で現在進行形に進められているデジタル施策や、未着手ではありながら、これからDX専門組織による支援の下、推進すべきデジタル施策情報を一元的にリスト化しておくことが重要である。

これらの情報収集と整理を行い、将来的にDX専門組織が担うべき業務の現在地を把握しておかないと、全社DX推進におけるプランニングが困難になってしまうからだ。

「**④As-Is：コスト構造と要因分析**」

③で主に、業務オペレーションにおける現状の確認・整理をしたが、将来的に支援・サービス提供側に位置するDX専門組織として、デジタルコストに係る情報も把握しておく必要が

ある。

これまでの活動における、アプリケーション、インフラ、人件費などの費用について、予算策定、予算・実績（予実）管理ならびに共通デジタルコストの費用配賦などをどう実行したか把握するため、**「業務別コスト（予算と配賦）構造分析」**を実施していく。将来的にDX専門組織が提供するサービスの値付けを考慮し、現状のデジタルコストの管理体系を可視化することに加え、プロジェクトごと、リソースごとの金額も把握できればよいだろう。さらに、これまでの各種デジタル施策においてコストが変動した要因など、**「業務の変動要因の明確化」**も併せて実施しておく。DX専門組織が業務支援・サービスを提供していくうえで同様の問題を回避するためでもあるのだが、そもそもの要因を抜本的に解決し、デジタルコストの変動を事前に発生させないようにするといった打ち手を検討・適用していくことも効果的なのである。

「⑤To-Be：DX専門組織支援業務の概要設計」

デジタルに係るAs-Is（現行）の業務を整理・把握した後に、DX専門組織の業務を概要レベルで設計する。このタスクを着実に遂行し、To-Be（将来の）業務の言語化をし、実際に組織運営が開始された後に、DX専門組織のメンバーが右往左往したり、ルール不在のまま非効率な働き方に陥ってしまったりすることを防ぐことができる。

To-Beの業務の概要を設計する最初のステップとして、DX専門組織としてどのような事案を支援し、サービスを提供していくのか、**「提供サービスメニューの明確化」**を行っていく。DX専門組織として、どんな仕事を請け負い、プロデュースしていくのか、DX専門組織内部で認識を合わせ、委託元である事業部門やコーポレート部門などのステークホルダーにいつでも提示できるようサービスメニューのリスト化を行う。このアウトラインが固まり次第、サービスの提供品質をどのような管理項目で監視し、ステークホルダーに報告していくか、**「ハイレベル品質基準管理項目の特定」**を進めていく。さらに、サービスメニューごとに、どの程度の支援期間・総工数になるか、**「業務別単位当たり時間の設定」**を検討する。この情報も、委託元であるステークホルダーが業務をDX専門組織へ依頼する際の参考情報になる。

続いて、DX専門組織の業務プロセスを定義する。実際の業務遂行の際に、誰がどんな業務を、どのような手順で進め、ステークホルダーとコミュニケーションしていくかを視覚的に理解しやすいよう、**「To-Be支援業務フロー設計―作業者/管理者」**を実施する。ステークホルダーとの責任分界点を明確に定義するうえで非常に重要なタスクといえる。

さらに、**「指標（KPI＋ターゲット）体系の設計（支援時間、案件数等）」**と**「支援単価設定（Pricing）」**を進める。DX専門組織として、年間にどれほどの工数（時間）をステークホルダーへの支援に投下するか、どれほどの案件を取り扱うかといった指標（KPI＋ターゲット：定量的な目標値）として定義し、時間当たりの支援単価（≒請求金額）を算出していく。これらにより、組織としてのターゲット（目標）が定まり、一つひとつの提供サービスによって、そのターゲットをいかにクリアしていけばよいかという指針ができてくるのである。もちろん、メンバー向けにもその指針を示すことができるようになる。

これら支援業務の概要を設計することで、DX専門組織がどのように業務を進めていくべきか、大まかな骨格が見えてくる。なお支援単価設定の際は、DX専門組織とはいえ社内人材であること、また、支援依頼件数の低下やレピュテーションリスク、さらに、立ち上げ間もない時期でメンバースキルが醸成途上であることを考慮する必要がある。高い価格は設定せず、既存のIT部門の支援単価を参考に、同程度の価格設定とすることが望ましい。

「⑥To-Be：DX専門組織業務設計のまとめ」

DX専門組織のTo-Be業務の骨格（概要設計）が整理されてきたら、まとめに入っていく。定義したサービスメニューごとに、サービス提供のアプローチ（タスク）を詳細に分解し、それぞれのサービスにどの程度の要員数・工数が必要か、**「サービスメニュー別要員数シミュレーション」**を行う。この情報と、As-Isの整理の中で収集した業務部門課題（着手中・未着手デジタル施策）のリストを基に、初年〜3年目くらいまでに、どの部門にどのサービスを提供していくか（経年でそれぞれ支援する案件数）といった概要計画を策定しておくことも重要である。

その後、DX専門組織に所属するメンバーの**「組織・職位別役割・Job Descriptionと体制定義」**を進める。招集したDX専門組織メンバーの一人ひとりが、自身に期待されている役割や職位階層を理解し、組織内で目線を合わせる意味でも重要な活動となる。

次に、**「横断的会議体（レポーティング含む）設計」**を行う。DX専門組織は多様なステークホルダーと接点を持ち、支援・サービス提供をしていく組織である。各部門の代表者を招集し、状況共有する会議体の頻度や参画メンバーなどを定義し、透明性の高い活動を目指すことが大切になる。この際、会議体の中でのレポーティングアジェンダ（進展報告や貢献度、課題、他部門の成功事例など）も併せて策定するとなおよいだろう。それに加えて、経営陣への報告に必要な会議体とレポーティングアジェンダを定義しておくことを推奨する。これらの情報・材料が整えば、今後のアクションプランを精緻《せいち》にデザインできると思われる。**「新組織運用準備〈❸運用準備〉以降）計画立案（WBS（Work Breakdown Structure）レベル）」**として、直近3～6カ月程度のタイムラインで、計画立案・可視化していくのである。

DX専門組織の運用準備～試行運用～本格運用に進めていく期間「From-To」、タスク・担当、インプット／アウトプットを可視化された計画に落とし込み、メンバー内に共有し、いつまでに（When）、だれが（Who）、何を（What）するかを把握しておくことで、着実な組織立ち上げと推進を現実のものにしていく。

❸運用準備

DX専門組織のTo-Be（将来）の業務の骨格（概要設計）が固まった後、いよいよDX専門組織の運用開始に向けた準備活動を推進していく。

「⑦To-Be：DX専門組織支援業務の詳細設計」

ここでは、先述の「❷企画・設計」フェーズにおける「⑤To-Be：DX専門組織支援業務の概要設計」で実施したアウトプットに基づき、ＴｏＢｅ業務を詳細に設計する。オペレーションやルール、ポリシー面を深掘りし、運用準備に備えていくのである。

次に、「❷企画・設計」で整理・定義した**「ＡｓＩｓ⇔ＴｏＢｅのGAP分析」**を行っていく。従来のさまざまな既存業務そのもの、またそれに係るルールと、新たにＤＸ専門組織が行うそれらとを比較し、強化すべきケイパビリティーや、それに伴い改善が必要となるＡｓＩｓ業務、ルールを明らかにしていく。ＤＸ専門組織の初期メンバーは、社内から擁立する場合がほとんどであり、ＡｓＩｓ業務は比較的問題なく継続して実施できると思われるが、新たな業務は未踏の領域であるため、その手順やプロセス、ルールを規定しておかないと、推進は困難になる。そういう意味では、まず**「オペレーションの詳細設計」**が必要になる。

「⑤ＴｏＢｅ：ＤＸ専門組織支援業務の概要設計」では、概要レベルで策定したＴｏＢｅの業務フローを基に、ＤＸ専門組織の日々のオペレーションを詳細に設計していく。プロセスフローまたはリスト形式で、可能であれば「ＳＯＰ（Standard Operating Procedure：標準作業手順書）」レベルにまで落とし込み、明文化することで、ＤＸ専門組織運営として、だれが（Ｗｈｏ）、いつ（Ｗｈｅｎ）、何を（Ｗｈａｔ）、どのように行うか（Ｈｏｗ）がマニュアル化され、これまでに経験のない業務においても手戻りや抜け漏れなく効率的に遂行できると考える。

続いて、**「業務支援ツール（Ｅｘｃｅｌ等の台帳）の準備」**を進める。本書の第３章の第２項「ＤＸ専門組織の推進事例と成功のポイント（ＤＸガバナンス）」でも触れたように、ＤＸ専門組織には社内で推進されているデジタル施策やデジタルコストに係る情報などを一元管理し、ガバナンスを維持していく責務がある。Ｅｘｃｅｌをベースとした「デジタル施策一覧」や「デジタルコスト管理台帳」など、Ｔｏ-Ｂｅの業務フローに記載されたツール群の作成・準備を進めることが重要となる。

次に、**「組織職位別業務分担」**を整理する。作業分解構造図（ＷＢＳ）に規定した、タスクと担当（職位）のアサイン情報を基に、ＲＡＣＩチャート（※）にまとめていくと、責任分界点がよりはっきりと示される。このＲＡＣＩチャートに則り、各職位が各タスクにどのようなかかわり方をするのか、明確に定義することが重要と考える。

※**ＲＡＣＩチャート**：職位別／タスクのマトリックスに、「Responsible：実行責任者」「Accountable：説明責任者」「Consulted：情報提供者」「Informed：報告先」の頭文字を割り当てたもの。Ｒ／Ａ／Ｃ／Ｉを兼

務してもよいが、一つのタスクにAは必ず一つだけ設定することがルールになる（0または2つ以上は不可）。

次に、**「マネジメント領域別詳細設計（チェンジマネジメント／コミュニケーションプラン（人事含む）」**として、「（1）あるべき姿の明確化」フェーズの「②DX専門組織の推進シナリオ作成」において、アウトラインを作成したマネジメントポリシーを詳細なものに更新していく。To-Be設計を進めていく中で新たに定義できた役割や業務について、アップデートをしていく作業である。

また、**「DX専門組織ガバナンスルール／プロセス設計」**も併せて実施していく。本書第3章の第2項「DX専門組織の推進事例と成功のポイント（DXガバナンス）」で解説したDX専門組織の管理ガバナンスの5要素「情報」「プロセス」「モノ（施策）」「カネ（予算・原資）」「ヒト（組織）」の軸と、ここまでに定義してきたTo-Be業務のプロセス・役割・ポリシーを突き合わせ、改めてガバナンスルール／プロセスをアップデートしていく。やるべきことが詳細に定義されてきているため、DX専門組織として「やってはいけないこと」「やる必要のないこと」、つまり、他の部門・組織が実施すべきことに着目し、ルールやプロセスを見直すことで、組織間の業務分界点が可視化され、より効率的かつスピーディな業務遂行が実現される。組織間の責任の押し付け合いや業務領域の取り合いを未然に防ぐ効果も期待できる。

「⑧DX専門組織メンバー教育」

これまで解説してきたように、全社DX戦略におけるデジタルガバナンスやDXに適用するテクノロジーなどを車にたとえると、その車を運転するのがデジタル人材といえる。いくら車の性能やスペックが優れていても、その車を操れるドライバーを特定し、継続的に運転技術を向上させないことには、安全なドライブは困難である。DX専門組織のメンバー教育も全社DX成功の必須条件といえる。

デジタル人材には、DX専門組織を立ち上げるために定義した担当タスクをインプットに、それぞれのタスクに必要な**「スキル定義・教育マテリアル定義・準備」**を行うことが重要である。たとえば、アプリケーション、インフラ、セキュリティなどに関する技術的なハードスキルはもちろんのこと、コミュニケーションスキル、ロジカルシンキングスキル、ネゴシエーションスキルなどのソフトスキルにも着目し、スキルを定義する。また、そのスキル教育に必要な教材（マテリアル）についても、文献やインターネットを活用して収集、リスト化する。教育マテリアルは、「社内人材が講師になるケース」「外部講師を招聘《しょうへい》するケース」「既存のeラーニング教材を活用するケース」など、さまざまなケースに合わせて、幅広く調査、リスト化することを推奨する。

これらの教育プランがまとまってきたら、実際の**「教育実施（初期）―管理職層／従業員層」**を推進する。学習すべき内容は、管理職と一般社員のメンバーでは異なることが予想されるため、スキル教育の内容を分けて実施することが望ましい。また、4カ月目以降に始まる「DX専門組織の試行運用」に最低限必要な教育項目に絞り込み、集中的に推進する。スキルアップは、インプットだけでは不十分で、業務を通じた実践（アウトプット）とともに、徐々に血肉になっていくものと考える。そのため、初期フェーズとしてのスキル教育をまずクイックに目指すことが肝要である。さらに、初期教育を進めつつ、**「教育成果の検証と教育内容の見直し」**を行っていく。簡単な理解度テストや聞き取り調査を行い、スキルの向上効果があったかどうか、教育マテリアルの内容に改善点がないか、といった点についてフィードバック（分析・評価）を実施し、教育方針をシャープにしていくのである。この内容に基づき、DX専門組織に今後新たに加入するメンバーのためにも、必要に応じて教育内容をアップデート（見直し）する。なお、このフィードバックとアップデートはこのフェーズに限ったことではなく、継続的な実施が重要であることは言うまでもない。

「⑨運用シナリオ構築」

運用準備フェーズの最終的なアクションは、「運用シナリオの構築」である。DX専門組織を運営するうえでのさまざまなシーンを想定して、必要なピースを埋めていくのである。

DX専門組織がステークホルダーに対し支援やサービスを提供するうえで、**「指標体系に基づいたSLA（Service Level Agreement：サービス品質保証）の設定」**を行う必要がある。DX専門組織として達成すべき重要業績評価指標（KPI）やターゲット数値は、委託先としての管理指標だが、委託元のステークホルダーに対しても、サービスメニューごとに提供する支援やサービスの品質基準やレポーティング頻度、トラブル時の受付時間、復旧までの具体的な目標時間などを、SLAとしてステークホルダーの視点でいくつかオプション案を策定しておくとよいだろう。そのほうがステークホルダー側も選択がしやすい。また、これは実際に支援依頼を受けた際、事前に締結したエンゲージメント（約束事）としてSLAを基に両者で合意形成を得られるためでもある。これは、サービス内容やアウトプット品質に関する認識相違が発生した際に、両者の権利保護を行うためにも必ず規定することを推奨する。

さて、実際にDX専門組織がステークホルダーからの支援依頼を受理する際は、どのような形式で受けるべきなのだろうか。ここで重要なのは、事前に**「サービス要求仕様テンプレート作成」**を行っておくことである。依頼する部門と依頼者、内容、対応時期と期限など基礎的な情報に加え、第3章の第2項で解説した、起案時にDX専門組織がチェックすべき案件の特性として、規制対応か否か、期限付き案件か否か、ROIや効果（売上貢献かコスト削減か）の種別を盛り込んだものをテンプレート化しておく。このテンプレートに則り、起案（支援依頼）ルールを制定する。このように標準化しておくことで、メールの平文で数行の情報のみの支援依頼がステークホルダーから提出されるようなことを未然に防ぐことができるのである。

DX専門組織での情報管理を効率化・均一化するためにも、サービス要求仕様をテンプレート化しておくことが肝心である。また、両者の間（特に法人格として別となるグループ内企業、また、外部企業にDX専門組織がサービス提供する場合）で取り交わされる**「契約書テンプレートの定義」**も必要に応じて実施する。支援依頼ごとに契約書を作成していたのでは非効率で、条文の見落としなどが原因でトラブルが発生する可能性もある。当文書を標準化しておくことも、継続的に高品質のサービス提供を行っていくための重要なポイントである。

DX専門組織は、継続的に成長と組織貢献をしていく責務を負っている。また、その意思を組織内メンバーはもとより、ステークホルダーにもコミットしていくことに重要な意義がある。その意味で、**「PDCAサイクルとレベルアップシナリオ構築（3カ年計画）」**を実施する。大局的なビジョンや目的のもと、初年度、2年目、3年目でDX専門組織がどのようなケイパビリティーを具備し、組織として成長していくのか、経年での構想を視覚化・言語化するのである。常にその構想をロードマップ（具体的なイメージ例は第5章第2項「DX専門組織実現により見えてくる次のステップ」を参照）としてDX専門組織は一丸となって前進していくのである。

先述した直近3〜6カ月程度のWBSや、3カ年計画を策定することで、DX専門組織が向かうべき道、やるべきことが形になっていく。ただ、どんな活動やプロジェクトにもいえることだが、その道のりにはさまざまな障壁や予想し得ない事案が発生しがちである。DX専門組織の運営も同様で、**「横断的リスクシナリオ特定」**が重要になる。

これまで策定した計画書を眺めながらブレーンストーミングなどによって、計画遂行におけるさまざまなリスクをリストアップしていく。ここで重要なポイントは、「DX専門組織内に閉じたリスクのみに終始しない」ということである。各種ステークホルダーとの協業・支援の中で発生するトラブルや認識の食い違いなど、視野を広げてさまざまなリスクの洗い出し・分析を行い、より柔軟で強固な計画を策定していく。横断的なリスクシナリオを特定したら、次に**「リスクに対するミティゲーションプラン（回避策）／コンティンジェンシープラン（発生後のリカバリプラン）」**の策定に進む。

特定したリスクが発現しないよう、事前に回避するためには誰が、いつ、どうしたらよいか、また、それでも発現してしまったリスクに対しては、誰が、いつ、どのようなリカバリ対応をいつまでにするかについて、5W1Hを意識して策を講じることが推奨される。これにより、活動の進展はもちろん、コスト面での影響も含めて予測できるようになることから、人的リソース、コスト、期間に対しバッファを設けることもでき、より高度なQCD（Quality：品質、Cost：コスト、Delivery：納期）を維持しつつ、全社DX活動を推進できるようになる。

さまざまな準備活動の締めくくりという位置づけになるが、ファイナンスの観点でもプランや推進方針を定義しておく必要があることについて言及する。ここで、**「全社のデジタルコスト予算策定・予実管理、デジタルコスト拠出と受益者負担設計」**を行う。DX専門組織は、社内で計画されている、またはステークホルダーが要望している各種デジタル施策に係る費用を算出する。それを全社予算として経営層に共有・報告するとともに、デジタルコストが予算に対してどのような実績を上げたのかといった情報も管理・監督する責務がある。

全社のデジタルコストの予算策定・予実管理業務についても方針を定義する。To-Beの業務設計で、当該領域のフロー化や役割分担が定義されていなければ、このタイミングで策定することを推奨する。もう一歩進んだ検討としては、デジタルコストの拠出元を明確化することである。各種デジタル施策の特性を踏まえ、ステークホルダーの予算から拠出するのか、それともDX専門組織またはコーポレート部門側が保有する予算（本社共通費など）から拠出するのか、ルールを決めておくべきである。

加えて、DX専門組織がオーナーとなる提供サービス、たとえば、全社利用の共有クラウドプラットフォームやアプリケーションサービスなどは、利用者、つまり受益者がデジタルコストを負担することが通例といえる。この場合の配賦基準（コストドライバー）や配賦率、実際のステークホルダーへの請求に係る方針やタイミングなどを明確に定義する。

❹ＤＸ専門組織　試行運用

ここまでの活動で、ＤＸ専門組織の立ち上げにおけるさまざまな規定や方針が出そろった状況といえ、いよいよＤＸ専門組織を試行運用する段階に入る。試行運用期間は３カ月程度で実施することが望ましく、４カ月目には新組織の旗揚げを迎える、といったスピード感を推奨する。これまでに定義してきた材料をベースに、役員への報告を含め全社的な説明会などを通じて社内での認知度の向上を図り、実際のサービス提供やデジタル施策支援を進める。試行運用期間における進め方は、失敗を恐れずアジャイル的に試行錯誤を繰り返し、有益な経験を取り込み、ＤＸ専門組織としての行動規範・規定をさらに強固にするのである。

「⑩詳細設計の修正」

試行運用の中ではうまくいくこともあれば、顧客満足度をクリアできない事案も発生するだろう。活動を推進する中で「経験知」として集積されてくるさまざまな情報をインプットに、これまで構築した**「試行運用の結果に基づく詳細設計の修正」**を行い、よりよいサービス提供品質を目指して、設計内容の骨格・骨子・スコープなどの軌道修正・アップデート・改善を継続的に行っていく。また、「❷企画・設計」の「④Ａｓ－Ｉｓコスト構造と要因分析」において、現状分析で整理した「業務の変動要因の明確化」と比べ、実際の試行運用で新たに判明した事案を評価し、**「DX専門組織業務の変動要因の特定と調整」**を行う。この点においても、新組織の活動継続における変動要素を取り込むことで、今後の推進に向けて、より強固な態勢へ調整していけるようになる。

「⑪ドキュメントまとめ」

試行運用は、構築したフレームワークや規定を検証するフェーズといえる。このフェーズで得られた多くの事案をベースに、これまでに策定してきたドキュメント類を整備していく。この際も、整備するドキュメントは最低限にとどめることが重要である。そのためには、**「オペレーションマニュアルのまとめ」**と**「マネジメントガイドのまとめ」**を行い、より現況にマッチしたプロセスへと更新し、ドキュメント量・種類の圧縮も睨み、標準化・スリム化していくのである。DX専門組織にいつ新人が加入しても、試行運用のノウハウがインプットされた最新かつ実効性のあるドキュメント群を維持し続けることも重要な着眼点である。

❺DX専門組織 本格運用

試行運用の期間が終了したら、ついに本格運用へと移行する。このフェーズまで来れば、DX専門組織のメンバー自身はもちろん、ステークホルダーもDX専門組織の存在意義やかかかわり方を理解し、コミュニケーション上のミスリードや認識の食い違い・齟齬も低減され、一定のリズム感で全社DXへのスピードを加速させる素地ができていると考える。

「⑫**本格運用及び改善**」

本格運用フェーズで行うべきことは、試行運用でDX専門組織自身が正しいアプローチで組織内のオペレーションやコミュニケーションのマネジメントができていたかという視点ではなく、委託元であるステークホルダーにどの程度貢献できたかといった成果を評価することである。

DX専門組織がサービス提供・支援の開始時にステークホルダーと合意したSLAに着目し、**「SLAを中心とした成果評価と運営方針のPDCA実施」**を行う。関与したいくつかの案件について日々の議事録や支援中または支援後のアンケート調査などを通じ、ステークホルダーの満足度を評価・分析し、規定したSLAのオプションを調整していく。場合によっては高く設定しすぎたSLAのハードルを下げる、またはその逆もしかりである。いずれにせよ、よりステークホルダー満足度を向上させ、DX専門組織の全社DXへの貢献度を向上させていくため、運営方針のPDCAを継続的に実施していくことが効果的である。

その結果として、「⑨運用シナリオ構築」の「ＰＤＣＡサイクルとレベルアップシナリオ構築（3カ年計画）」「横断的リスクシナリオ特定」で策定した各種シナリオから、**「推進シナリオに基づく継続改善」**を進めていく。場合によっては1年目、2年目、3年目の到達点やその時の状態の仮説をも大局的な視点で更新する必要も出てくるが、社内外の環境変化に合わせ、柔軟かつ大胆な方向転換を行うことがＤＸ効果の最大化につながると考える。

これまで解説してきたように、ＤＸ専門組織とは、これまで企業に存在していなかった新しい組織であり、ステークホルダーとの接点も新たに構築するものである。事前にさまざまな方針や計画は策定しておくものの、実態に即して柔軟に、迅速に、継続的にアップデートを繰り返し、自社に適した組織運営モデルを育てていく志向こそが成功の秘訣である。

第5章　第1項のまとめ

▼DX専門組織を効率的・効果的に設立・立ち上げていく際には、意思と戦略を持って次のタスクを計画的に進めていくべきである。

▼DX専門組織の設立においてはまず、参画メンバーの意識統一を目的に「DX専門組織のあるべき姿・存在意義」を明確化する。

▼DX専門組織の運営に係る企画の検討と各種設計に着手し、具体化する。

▼DX専門組織のToｰBe（将来）の業務の骨格（概要設計）を定義し、DX専門組織の運用開始に向けた準備活動を推進する。

▼DX専門組織を3カ月程度の期間で試行運用、課題や修正点を特定、改善を繰り返し、組織体としての活動方針をよりシャープにしていく。

▼DX専門組織の本格運用へと移行する。この中でも、ステークホルダーとの連携において、PDCAを回していき、継続的に運営を高度化していく。

5-2 DX専門組織実現により見えてくる次のステップ

【1】DXの全社推進を阻害する6つの障壁

本章の第1項で解説した「DX専門組織の設立アプローチ」の中で、「その道のりにはさまざまな障壁や予想し得ない事案が発生する」と述べたが、これらの問題を解決していくには相応の工夫が必要になる。とりわけ、人に対するチェンジマネジメントこそが非常に困難なものとなるだろう。どれほどDXのすばらしさを謳った教典があろうとも、人がその中に記されている言行に共感を持ち、行動するようになるかは、また別の問題である。人はそう簡単に、本当の意味で変容できるものではないと我々は考える。本項では、この〝人〟の意識改革にフォーカスし、全社ＤＸの推進を阻害する６つの障壁（図表5－2－1）とチェンジマネジメントの方向性を解説する。

全社ＤＸの取り組みは、社員の意識改革と深く関連しており、相関関係があると考える。これは想定される抵抗（※）に対して、あらかじめその手立てを講じておく活動ともいえる。そのためには、この過程の節目（乗り越える壁）ごとに何をすべきかを明確にし、実行計画に落とし込むことが必要である。

※ここでいう「抵抗」とは、改革当事者の心理的抵抗を指し、たとえば、「これを言ったら誰かの反対にあいそう＝無難にまとめよう」といった消極的心理が働くことにより、改革が進まない／効果が薄まるといった状態を指す。この打ち手で有効なのは、改革に取り組む姿勢を組織として承認し、実施者の心理的負担を取り除くことと考える。

全社ＤＸ推進を阻害する社員の意識改革には、６つの障壁が内在していると考える。その〝６つの壁〟について説明する。

１　理解の壁：現状を肯定し、変革の必要性を否定する状態

図5-2-1 全社DX推進を阻害する6つの障壁とチェンジマネジメントタスク

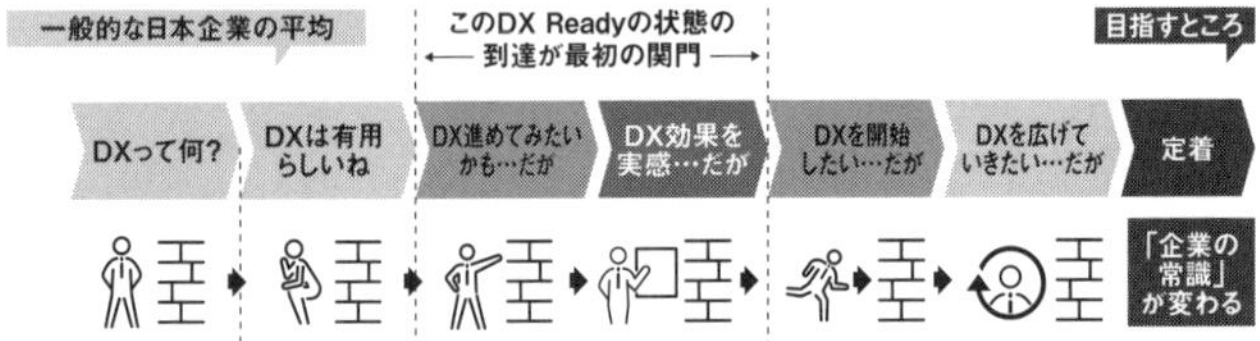

意識改革の6つの壁	1. **理解の壁** 現状を肯定し、変革の必要性を否定する	2. **検討の壁** 何をすればよいのかわからず、思考が停止する	3. **決定の壁** 理屈はそうだが実際には無理と、変革を受け入れない	4. **自律の壁** 計画だけ作って安心し、実行するのは自分じゃないと考える	5. **行動の壁** 変革実行主体を自分事ととらえ、行動を開始できない	6. **変容の壁** 自身が変容しきれず、変革を継続できない
プロジェクト実施に関する典型的意味合い	そもそもこの取り組みが必要だと認識しない	DXが仮に必要だと認識しても取り組みのアプローチが有効だとは判断できない	取り組みのアプローチが有効だと理解してもそれが自分たちに最適だとは納得できていない	特に反対はしないが、自分たちが当事者として動く必要性を感じていない	自分ごととしての腹落ちはできても、主体的に参加するモチベーションが不足している	一旦始まりはしたものの、疲弊・意識の低下により、続けたくなくなる
意識改革へのChange Managementタスク		そもそも、課題は何なのか、どこにあるのかを、定量、定性の両面で把握	実現可否を論ずる前に仮説ベースで幾つかの施策を検討。あるべき姿を共有	施策の計画を立て、試行し、その結果を評価。判明した課題とその打ち手を実行計画に反映	自身が主体的に関与した際の便益・インセンティブを明確化し、始めやすいスモールスタート案件を設定	実施効果のモニタリングや評価、分析等、改革の継続のための体制を構築、維持

2 検討の壁：何をすればよいのかわからず、思考が停止している状態
3 決定の壁：理屈は理解できるが実際には無理と、変革の許容を決定できない状態
4 自律の壁：計画だけ作って満足し、実行することは他者と捉えている状態
5 行動の壁：変革を自分事と腹落ちできているが、主体的な推進ができない状態
6 変容の壁：自身が変容しきれず、変革を継続できない状態

「1．理解の壁」は、最も初期の段階である。「DXって何だろう？」という疑問と同じように、デジタル施策推進について、全社的にも「そもそもこの取り組みが必要だと理解していない」状態である。特に、DX時代到来の感度が低く、現在のビジネス（売上高など）が快調な企業であればあるほど、「なぜ、わざわざ今DXを推進する必要があるのか」といった状態から動けていないケースが多く見受けられる。本書、第3章の第2項「DX専門組織の推進事例と成功のポイント（DXガバナンス）」でも解説したように、この状態を脱するには、DX専門組織がリードして社内の啓蒙活動を粘り強く、継続的に進めることが必要なのである。

「2．検討の壁」は、DXへの理解が若干進んでおり、「DXは有用らしい」という価値観を抱くものの、デジタル施策推進については、全社的に「DXが仮に必要だと認識しても取り組み

のアプローチが有効だとは検討できない」状態である。日本企業の多くが、この状態にあると我々は考えている。この状態を脱するには、DX専門組織がステークホルダーとコミュニケーションする際に、「そもそもビジネス課題は何なのか・どこにあるのか」を、定量、定性の両面で説明し、DXによる解決の方向性を把握してもらうことが必要である。そして、とにかくこの状況を脱することが、その後の壁を乗り越えるカギになるといえる。

「3．決定の壁」は、DXの有用性を理解しており、「DXを進めてみたい」という価値観は持つものの、全社的なデジタル施策推進については、「取り組み・アプローチが有効だと検討できていても、それが自分たちに最適だとは納得・決定できていない」状態である。この状態を脱するには、DX専門組織が、「実現可否を論ずる前に仮説ベースでいくつかの施策を検討し、あるべき姿を共有」することが必要である。あるべき姿については、受益者に十分な便益がもたらされることをDX専門組織がしっかり論理的に説明し、納得と意思決定を促すことが重要である。

「4．自律の壁」は、DXでもたらされる便益を理解しており、「DX効果を実感」という価値観は持つものの、デジタル施策推進については、全社的に「特に反対はしないが、自分たちが当事者として動く必要性を感じていない（または動きたくない）」という、自律性が芽生えていない状態である。この状態を脱するには、DX専門組織が施策の計画を立てて試行し、その結果を評価し、判明した課題とその打ち手を実行計画に反映し、受益者へ丁寧に共有・説明することが必要である。実行計画については、DX専門組織だけではなく、ステークホルダーである事業部門の協力がないと完結・成功しないことも明確に伝え、協力を仰ぐべきである。

なお、**「3．決定の壁」**と**「4．自律の壁」**のステージ、つまりDX Ready（DXを進めるうえでの一定の準備ができている状態）への到達がどの企業においても、最初の関門になる。ここに到達し、さらにこの状態から脱することができれば、いったんは全社DXを阻害する障壁が破壊され、ステークホルダーもオーナーシップを持って、全社DX推進に積極的に参加するようなモメンタムが生まれていく契機となる。

「5．行動の壁」は、策定されたDX推進計画の実行主体は自身であることを理解し、腹落ちしてはいるものの、主導的に参加するモチベーションがまだ醸成しきれていない状態である。自身の本来業務を抱えつつ、DXという新たな活動・取り組みに主体的に参加していくといったボールを持つことは、現実的には不安を伴い、勇気もいることである。この状態を脱するには、ＤＸ専門組織がリードし、人事部門とコミュニケーションしたうえで、評価指標の制度を変革していくことも一つの手段である。「表彰制度を設ける」「評価項目にＤＸ貢献度を加える」など、社員への便益・インセンティブを明確に示し第一歩を踏み出せる後押しをする。あるいは、初動に心理的負担がかからないよう、スモールスタート案件を設定し、アサインしていくといった工夫をすることが重要である。イソップ寓話の「北風と太陽」のように、強引で強制指示的な北風のようなアプローチをとっても人は動くことはなく、むしろ逆効果かもしれないともいえる。

「6．変容の壁」は、いくつかのデジタル施策案件を経験して、「いったん始まったものの、疲弊してしまい、続けたくなくなる」状態である。ここが第二の関門である。人はＤＸに係ることについて「デジタル施策適用により、ＤＸ（変革）を推進していく」という他動詞的な意識が根底にある。しかし、本当に重要なのは「自身が変容していく」という自動詞的なことこそが継続的ＤＸを実現するという概念を人が理解し、覚悟を持てているか、であると我々は考える。そういう意図も込めて「変容」という自動詞的な表現をしているのである。このチェンジマネジメントは極めて難易度が高い。それがここを第二の関門とした所以である。この関門を脱するには、ＤＸ専門組織がリードし、実施効果のモニタリングや評価、分析等、改革のモメンタム継続のための体制を構築、維持し、関与者自身と緊密に寄り添い・伴走し、その変容を手厚くサポートし続けることが極めて重要である。

［2］一歩進んだHXを実現する不文律分析

先述したように、DXの理解度や興味関心に沿ってDX専門組織がさまざまな働きかけをしても、人の意識改革は一朝一夕にはいかないだろう。DXよりも難しいのは、むしろ「HX（Human Transformation：ヒューマントランスフォーメーション）」であると我々は考えている。そこで、もう一歩進んだ「HXを実現する不文律（具体的な文章にはされていないものの、暗黙のうちに組織の中で守られている決まりやルール）分析」に踏み込んで解説を進める。

変革や新しい文化の形成に対する抵抗・障害の要因は、組織文化と密接に関連している。組織に根差した価値観に基づいて、変革への支障となる要因を解き明かすのに有効なのが、「不文律分析（変革への意識調査）」である。DXやITに限らず、過去の業務改革のプロジェクトで発生した典型的抵抗パターンがあるとすれば、また、何らかの取り組みでマネジメント層が難色を示すとしたら、そこにはある種の「力学」が存在するはずである。組織の不文律を明らかにするためには、「モチベーター」「イネーブラー」「トリガー」といった3つの組織力学の要素を因数分解して調査・分析することが有益である（図表5－2－2）。

ここで、不文律分析における3つの組織力学の要素を解説していく。

1．モチベーター（動機づけ要因）：人々にとって何がご褒美と思われているか〈Knowing why（what）〉

2．イネーブラー（動機実現促進者）：やりたいことを実現するのを助けてくれそうなのは誰か〈Knowing whom〉

3．トリガー（動機実現の引き金、契機）：何がきっかけとなって、人々の動機が実現されていく

図5-2-2 不文律分析における3つの組織力学の要素

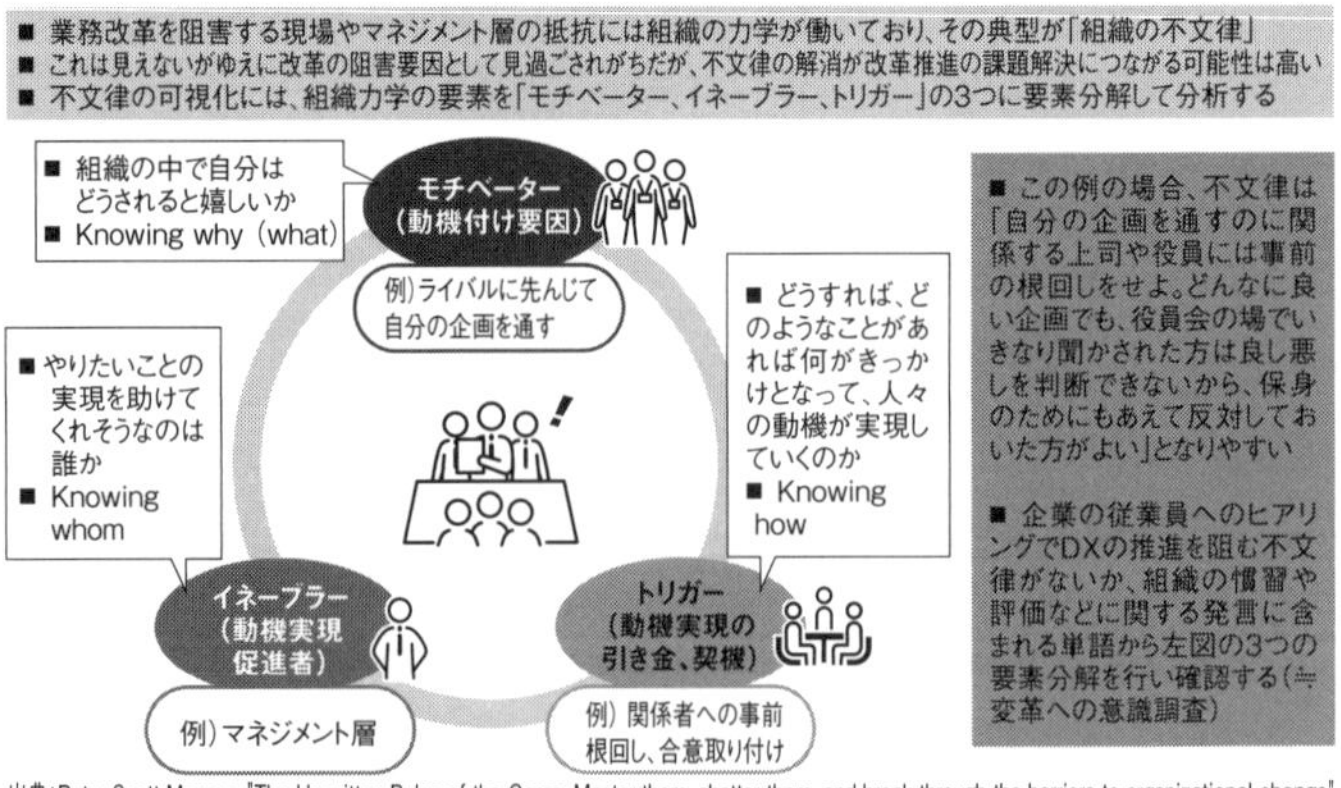

出典：Peter Scott-Morgan: "The Unwritten Rules of the Game; Master them, shatter them, and break through the barriers to organizational change"

のか〈Knowing how〉

全社DX推進をするうえで、リテラシーレベルではなく、全社員の意識調査を行った事例を紹介する。社員の意識調査項目や質問文の定義において考慮したのが、この3つの組織力学の要素であった。また、全社DXに向けたHXを実現するためには、社員のどのような意識を探ればよいのかという観点について、「1．モチベーター」では、「どのような障壁をクリアすれば社員をモチベートし、変革へ自律的に参加してもらえるモメンタムが作れるか」といった解決策を探るべく、

●デジタル施策推進に参加していくうえで、どんなことがあれば自身もその便益を享受できる、実感できると思えるか

●デジタル施策推進の参加について、参加しづらい理由は何か

といった内容を調査した。

「2．イネーブラー」には、「変革に参加した際に、どのような障壁をクリアすれば自身に丸投げされる不安を払しょくし、参加してもらえるモメンタムが作れるか」といった解決策を探るべく、

●デジタル施策推進に参加していくうえで、リーダー、責任者、または上位のメンバーにどのようなことを期待しているか
●デジタル施策推進の参加について、リーダー、責任者、または上位のメンバーとのかかわり方に不安な点はあるか

といった内容を調査した。

「3.トリガー」には、「変革に参加した際に、自身の存在感を示すにはどのような場面があればいいのか、または、そのような場面がない場合に参加してもらえるモメンタムが作れるか」といった解決策を探るべく、
●デジタル施策推進に参加していくうえで、自身の活動を発信していく場に要望はあるか
●デジタル施策推進の参加について、自身の活動を発信していくことに不安な点はあるか

といった内容を調査した。

すべての社員がDX活動に参加し、責任を持ち、発信することを望んでいるわけではない。その反対に、DX活動に参加し、自身の存在意義を明確に示すことを機会《チャンス》と捉えている社員もいるはずである。これらの不文律を可視化することで、DX専門組織として「効果があるだ

ろう」という単一的・一方的な価値観で啓蒙を進めるのではなく、社員の意識レベルを把握し、柔軟かつ戦略的にチェンジマネジメントを推進していくことが人の変革のカギとなると考える。

[3] 全社DX推進後のゴールイメージを視覚化・言語化する

ここまで、全社DX推進に向けた「HX（Human Transformation：ヒューマントランスフォーメーション）」について解説してきた。全社DX推進を阻害する6つの障壁の突破と不文律分析は大変有益な考え方であり、効果的な方法論である。ただ、HXを進めていくには、「DX推進後のゴールイメージを視覚化・言語化する」こともまた、重要である。社員の全社DX活動への啓蒙を推進する際、「その結果、自身たちの業務はどのように変わるのか、どういった状態になっているのか」といったゴールイメージを提示し、共感されなければ、本当の意味で腹落ちした啓蒙は難しい。ここで、全社DX推進後のゴールイメージ（事例）を紹介していく（図表5－2－3）。

「全社DX推進後のゴールイメージ」を策定する際は、いくつかの軸やフレームを用いて、可能な限り全社的・網羅的であることを意識し、業務・デジタルが融合した姿の全体感を示せるようにしていく。図5－2－3で示す事例では、まず左側のピラミッドにおいて上から「戦略」

「人・組織」「DX実行環境」「連携システムとデータ群（データレイク※）」の4層の軸で全体像を整理している。

※データレイク：構造化されたデータ（基幹システムのテーブル化されているデータベースなど）、非構造化データ（メールやテキストといったテーブル化されていない文章など）やバイナリ（画像や動画、音声データなど）等のファイルを含むあらゆるデータを一元的に格納するデータリポジトリ（データのバケツ）

第1階層（戦略）

「最上位概念として、経営戦略・事業戦略、そしてDX戦略が存在していること」、また、「それより下位のすべての階層の屋根のように位置づけ、下位の概念群との整合がとれた戦略であ

図5-2-3 **全社DX推進後のゴールイメージ（事例）**

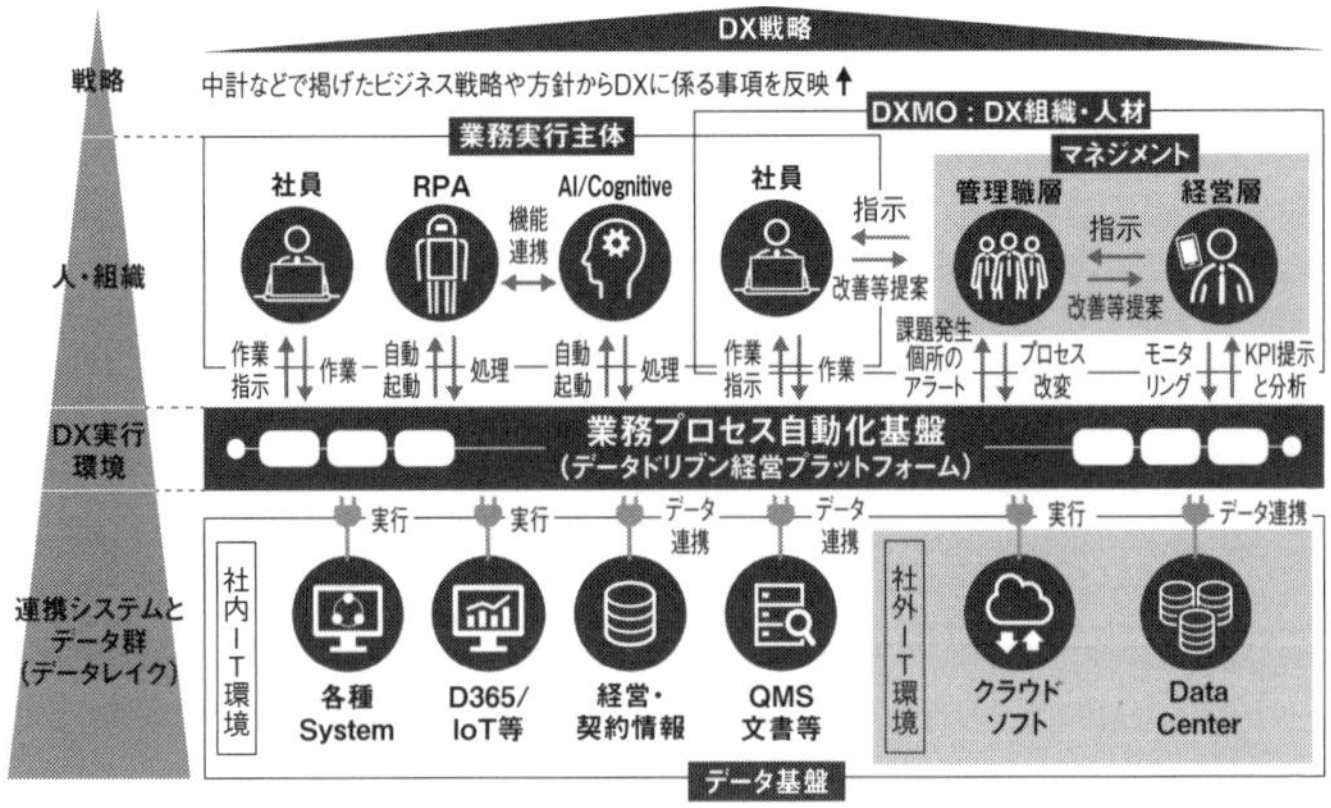

ること」を表している。これにより、「すべてのDX活動はDX戦略に基づくべきである」というメッセージを明確に示せるのである。

第2階層（人・組織）

「業務実行主体とマネジメントの2つの役職階層で分け、それぞれが第3階層からどんなデータを授受し、利用するか（タテのデータ連携）」「経営者・管理職・一般社員の間でどんなデータを授受し、活用するか（ヨコのデータ連携）」「ロボティック・プロセス・オートメーション（RPA）や人工知能／コグニティブ（AI／Cognitive）もデジタルレイバー（人間の業務を代替するデジタルの機能）として含ませていること」を表している。これにより、企業内の「ヒトとデジタル」がデータによって横断的につながり、サイロが解消され、すべての情報の透明性・連携性が高度化された状態になるというメッセージが明確になる。また、この人・組織にDX専門組織が係る領域も明確に示せるのである。

第3階層（DX実行環境）

「これまで分断化・分散化していた業務プロセスがIAプラットフォームにより、業務プロセスがシームレスに自動化されていること」「第2階層と第4階層との情報授受・連携を前提とし、データが集約・一元化されていること」を表している。これにより、「すべての企業活動・業務がテクノロジーによりアルゴリズム化された状態」で自律化・自動化されていく（データドリブン経営）というメッセージを明確に示せるのである。

第４階層（連携システムとデータレイク）

「第３階層と、クラウドを含む企業内のすべてのＩＴ環境が接点を持ちデータの授受ができること」「データ連携のみならず、第３階層からプッシュ型の処理実行までが実現されること」を表している。これにより、現状で分散化しているさまざまなシステム群を統合することなく、第３階層のデータプラットフォームと連動し、データ基盤群として継続活用が可能であるというメッセージを明確に示せるのである。

以上のように、「全社ＤＸ推進後のゴールイメージ」を視覚化・言語化する際は、「ＤＸ専門組織、ステークホルダーに対してどのようなメッセージを伝えるべきか」「ＤＸ専門組織はどの点に貢献し、あるべき姿として盛り込んでいくべきか」を十分に検討し、網羅性と体系を考慮してデザインしていくことが重要である。このようなゴールイメージを目にすることで、ＤＸ活動に参加する社員は、「自社・自身が将来的にたどり着く姿と、それに向かうための貢献」

に対してしっかりしたイメージと動機・モチベーションを持てるようになると考える。

【4】全社DX推進における大局的なロードマップを視覚化・言語化する

ここまでは、「全社DX推進後のゴールイメージを視覚化・言語化」することの重要性を解説してきた。次に、「そのゴールにどのように向かっていくのか」という点にフォーカスして解説していく。ゴールイメージを経営層・管理職層・社員に示し、「では、それに至る計画はあるのか」というのは必ずDX専門組織が問われる議題と思われる。まずは事例から、全社DX推進における大局的なロードマップイメージを紹介していく(図表5−2−4)。

全社DX推進における大局的なロードマップを策定する際には、

A「直近1年などではなく3〜5カ年のスパンで、ロードマップを明確に示すこと」

B「全社DX推進後のゴールイメージに到達するための柱となる取り組みテーマ(3〜5種程度)を明確に示すこと」

C「経年での各種取り組みはゴールからのバックキャストで多段階に定義されていること」

が重要である。

まずは**A．「直近1年などではなく3～5カ年のスパンで、ロードマップを明確に示すこと」**だが、先述したゴールイメージに、仮に1年程度で到達できないことは明らかであるとする。この際、少なくとも中期経営計画の中で当ロードマップを示すことを前提だと考えると、ロードマップはゴールイメージに3～5カ年でたどり着くものであることが合理性・納得性があると考える。これは、年間に投下可能なデジタルコスト（活動費）、つまりキャッシュフローなどの財務の観点からも投資金額の平準化が必要になるからであるといえる。

次に、**B．「全社DX推進後のゴールイメージに到達するための柱となる取り組みテーマ**

図5-2-4 全社DX推進における大局的なロードマップイメージ（事例）

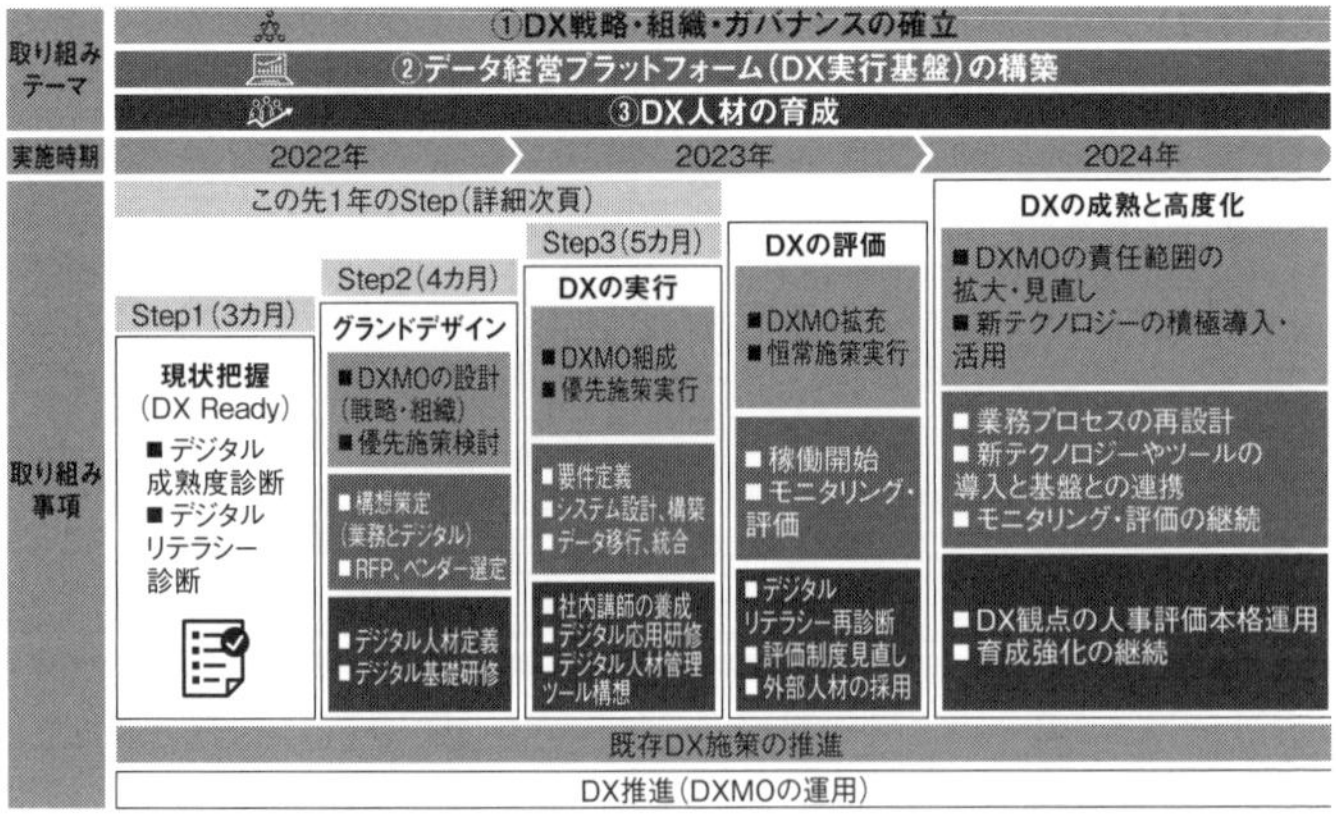

（3～5種程度）を明確に示すこと」だが、図表5-2-4に示した事例では、「①DX戦略・組織・ガバナンスの確立」「②データ経営プラットフォーム（DX実行基盤）の構築」「③DX人材の育成」を大きな取り組みのテーマとしている。このテーマの導出に当たっては、本書、第4章の第1項「DX推進度を知る『デジタル成熟度診断』の方法論」や、第4章の第2項「社員のDX理解度を評価・把握し、向上を図る『DX-Education』」で解説した手順で策定したデジタル施策、第5章の第1項「DX専門組織を実際に立ち上げるステップ」で解説したタスク「部門課題の特定」で収集した情報を整理・収束することで、導出・定義することができる。実際に、我々KPMGコンサルティングも、そのアプローチで導出・定義を行っている。いずれにせよ、ゴールイメージに至るために数十件に上るいくつもの施策を並べても、経営層や社員にはピンとこないはずと考える。取り組みテーマは3～5種の柱で示すことを推奨する。

3つ目が、**C.「経年での各種取り組みはゴールからのバックキャストで多段階に定義されていること」**である。図表の事例では、「現状把握（DX Ready）」→「グランドデザイン」→「DXの実行」→「DXの評価」→「DXの成熟と高度化」とともに各種の取り組みを定義している。どのようなステップにより3カ年でゴールイメージにたどり着くのか、大枠での取り組みを設定し、さらに各ステップで3つの取り組みテーマごとにどのような活動をするのか、ということを明確に示している。

これにより経営層や社員は、ゴールイメージに至るまでに必要な活動と各ステップの状態をイメージできるのである。また我々の経験上、それぞれのステップ完了時の**「状態仮説：各ステップが完了すると結果的に何ができて、どのような姿になっているのか」**を詳細に定義することを要望されるケースが多くあった。その場合は、たとえば、ステップ・テーマごとに、先述の4階層の軸などを用いて、状態の仮説を明文化するとよいだろう。もう一つ、さらに重要なポイントとして、この各種取り組みの定義（本事例では5つのステップ）は、ゴールイメージからのバックキャストで定義することが肝要なのである。

3年後のゴールがこれであるならば、3年目には何をすべきで、どんな状態であるべきか、そのためには2年目には何をすべきで、どんな状態であるべきか、そのためには初年度には……という形でバックキャストによる検討を進め、取り組みを多段階に定義していく。それにより、タイムライン上でクリアすべきマイルストーンが明確になり、それを満たせていない場合にはどんな打ち手を適用すべきかというマインドチェンジがなされ、3年後のゴール達成の成功率がさらに上がると考える。

［5］役職に応じたDXの納得性を得るために

最後に、「役職に応じたDXの納得性を得る」ことにフォーカスして解説する。全社DXと言っても、実は年代や役職ごとに感じ方・考え方が異なり、その必要性を納得してもらうためには、体系整理が有益であると考える。経営の視点・現場の視点で、立場に応じた納得を得るには、どのような要素が必要か、事例からイメージを示す（図表5－2－5）。

まず経営の視点については、経営層は、「経営目標」やそれに寄与する「戦略」、また、推進上の「課題」など、企業としての最上位概念で

図5-2-5 立場に応じたDXの納得性獲得の体系全体像（事例）

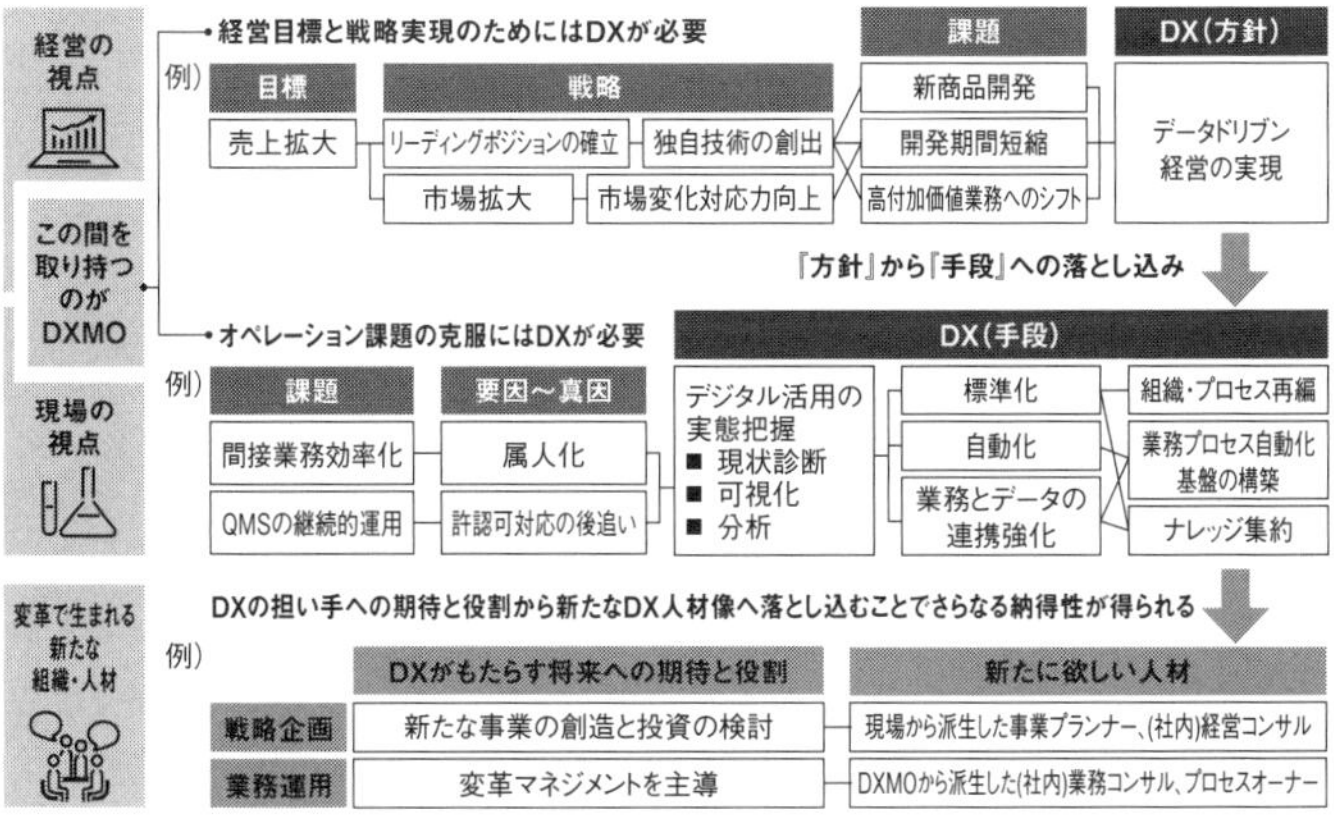

変革を考慮・検討する。図表5-2-5で示したように、それぞれの概念に紐づく検討項目も、ハイレベルな視点の内容となる。この層・視点におけるDX（方針）の意義も同様に、「データドリブン経営の実現（例）」といったハイレベルな粒度となる。ここで重要なのは経営層向けには**「経営目標と戦略実現のためにＤＸが必要である」**というメッセージを啓蒙活動の主軸に置くことである。

次に現場の視点では、この層は経営層と異なり、日々の担当業務が主要な視点となり、目の前の業務の「課題」や「要因〜真因」といった概念で変革を考慮・検討していく。自然とそれらの概念に紐づく検討項目も、より詳細な粒度になってくる。この場合、現場層向けには**「オペレーション課題の克服にはＤＸが必要である」**というメッセージを主軸に置くことが重要である。

このようにメッセージを使い分けることで、初めて「自分事としての納得性」を得られる条件をクリアできることになる。また、経営層が打ち立てるDXは「方針」であり、現場が受け入れるDXは**「方針から落とし込まれた手段である」**という整合性も、納得性を醸成するキーポイントとなる。この一連の体系を企画・構成し、正しく啓蒙を進める、つまり、**「経営層と**

現場の間を取り持つのがＤＸ専門組織の責務」ともいえる。

これらの体系がしっかりと全社的に浸透さえすれば、**「ＤＸの担い手への期待と役割から新たなＤＸ人材像へと落とし込むことで、さらなる納得性が得られ」**、それに必要な**「変革で生まれる新たな組織・人材」**の擁立や獲得にも、合理性を受け入れたうえで、協力を得られるだろうし、また、そうすべきというモメンタムが着実に生まれてくるのである。

第5章　第2項のまとめ

▼ＤＸの全社推進を阻害する６つの障壁が人の意識の中に存在し、一つひとつの障壁を脱するためにＤＸ専門組織がさまざまな活動を伴走し、モメンタム醸成・継続をサポートすべきである。

▼人の意識改革（ＨＸ：ヒューマントランスフォーメーション）の実現には、組織に根差した価値観に基づいて、変革への支障となる要因を解き明かす「不文律分析」が有用である。

▼ＨＸを進めていくには、ＤＸ推進後の全社的・網羅的なゴールイメージを視覚化・言語化し、示すべきである。

▼ゴールイメージに加え、そこにどのようなステップで至っていくのかを表現した経年での大局的なロードマップを策定すべきである。

▼経営の視点・現場の視点で、立場に応じて享受できる利点・便益をデザインすることで経営層を含めた全社員にさらなる納得感を生み出すことができる。

あとがき「永続DX論」

「あたり一面、武器だらけだ」

とあるセミナーで思わずこんな発言をしたことがある。

オンラインが当たり前のビジネス形態により、最新テクノロジーの情報はオープンになり、各種展示やセミナーも今や居ながらにしてインターネット上で体験できる。さらに進化したヒューマンインターフェースによって、新たなプロダクトであっても手触り感をもって、感覚的に理解することができるようになった。情報は日々各種SNSやニュース媒体から流入してくるし、その中にたくさんのチャンスが転がっている。「今出てきているテクノロジーを全部使ってみたら、自分の業務はどう変わるだろう。自分の生活はどう変わるだろう」などと、昔はよく想像したものだが、今は転がっている無銘の武器を手に取って試せるのだ。しかも多くは無料、あるいは廉価で。ならばどんどん試せばいい。常にこうしたスタンスを取り続けていなければ、容易に世間に取り残される。逆に試行を繰り返して成功にたどり着いたときには、先駆者たる利益がもたらされる。本当に進歩が急速な現今において、一歩先んじるアドバンテージはなにより大きい。

テクノロジーはいつも我々をさまざまな課題から解放してくれてきた。１９８０年代、業務システムを導入することで手書きの伝票から解放された。90年代後半からはＥＲＰパッケージの台頭に伴って「ベストプラクティス」という言葉がもてはやされ、標準化の名のもとにグローバルで業務効率化がさらに進んだ。残念ながら我が国の多くの企業では自社の業務形態に合わせたカスタマイズやインターフェースの作りこみで超高精度の業務システムを作りこんだがゆえにそれが大いなるTechnical Debtになってしまったが、誰もがそれを許容した。21世紀に入って業務統合パッケージは会計・経理中心からさまざまな業務機能に展開が進み、企業は肥大化するシステムを仮想化と外部データセンターの活用で乗り切ろうとした。２０１１年にドイツからはじまったIndustrie4.0やＩoＴといった単語が人口に膾炙《かいしゃ》するにおよんで、オフィスではソフトウェアロボットによるＲＰＡが登場し、多くの繰り返し作業から人を解放した。そして疫病の流行によって人々はそのオフィスから追い出され、結果として場所の制約からも解放された。高度な暗号化技術によって発行されたトークンが連なって新たな経済圏やチェーンを生み、人々は貨幣や国勢からも解放されつつあるのかもしれない。そしてメタバースの登場によってついに人類は肉体からも解放された。

わずか30年で世界はここまで変容してしまった。しかもその変化の速さは加速しているように見える。我が国産業界のビジネスは、次は何から解放されるのだろうか。これを考えるうえで、念のため欧米の状況も見てみよう。

「78％のCEOは時代遅れになりつつある事業形態から脱却するために、より迅速にデジタルへ投資していく必要があると考えている（＊1）」

「70％のCEOは、DXの継続推進にあたって新しいパートナーとの協業は非常に重要であると考えている一方、サイバーレジリエンス構築の必要性を感じている。（＊1）」

「30％以上もの大手企業はIA関連テクノロジーに、5000万ドル以上をすでに投資済みと回答している（＊2）」

「AIに対する世界全体の支出額については、2019～2024年の年間平均成長率（CAGR）を20・1％と見込み、2020年の501億ドルから2024年には1100億ドル以上になると予測されている。（＊3）」

世界の先進企業の経営者たちは、おおいにデジタルへの投資に前向きであり、成果をあげている。彼らはいかにして前向きになれているのか。またいかにして成果をあげてきているのか。一言でいうと、本書の冒頭でも述べた「深化」と「探索」へのポートフォリオを上手にコントロールしている。組織として周辺の環境の変化をいち早くキャッチし、これを柔軟に自社に取り入れることに適切にリソースを割いている。新しいテクノロジーや事例への関心の寄せ方も出羽守的なものではなく、実際に自社に取り入れたらどうなるか、どうやったら試行回数を稼げるのか、といったスタンスで臨む。

従来固めてきた高精度のプロセスやシステムにより業務を遂行しつつ、現場で新たに判明した事実と対話して最適な業務の姿を追い求める。昨日までのルールやテクノロジーは、いかに最新のものであろうとも常に負債化する（Technical Debt）というマインドを忘れない。改善できるチャンスを見出したならば、新しいやり方を試行し、繰り返す。高精度のドキュメントを取り揃えて完全な姿を描くより、まず領域を絞って仮説を立て、試行し、検証してまた最適化する。こういう基本行動が常に企業を「アップデート」し、常に動きをもたらしているのだ。

ＤＸＭＯは、こうした「アップデートする」動きを実現する方法論でもある。チーム任せにせず、現場の一人ひとりが環境の変化を感じ取って業務の変革を体験する。そのために必要な戦略の立て方、考えるべき要素、組織として必要となる人材像をいかに作り上げて、これに沿っていかに人材を育成するか。またそうした人の意識に変化をもたらすにはどのように立ち向かえばよいか。企業のアップデートにはいずれも必要な要素だ。こうした動きができて初めて「深化」と「探索」のポートフォリオに思いを致すことができるし、その結果として「攻めのＤＸ」「守りのＩＴ」のバランスをとることができる。無銘の武器をどんどん手に取って試すことができる。その中からついには名刀を選び取ることができ、勝つことができる。

DXMOの概念をこうして体現していくことで、企業は「改革が得意な組織」にだんだん変容していく。テクノロジーをテコにして改革を起こすことの難しさや克服の仕方をどんどん組織が学んでいくからこそ、それができる。本書に表したDXMOによる改革推進は一過性のものではない。企業の達成したいあるべき姿、ビジョンおよび戦略は常にアップデートされるものであり、これらがアップデートされるたびに、その実現に向かって企業の中身に変革がもたらされる。「もたらされる」のだ。変革の仕方を知っている組織、経験を組織知として体得した組織だ。毎度イチから考えるのではなく、進め方に迷うこともない。存続する限り、テクノロジーを取り込んだ変革を自律的にし続ける組織なのだ。もはや変革することが日常になる。そうなると、何から解放されるのか。「今までのやり方」から解放されるのだと思う。過去のやり方、制約からどんどん解放され、本質的な価値を創造するビジネスを実現できるのだ。

こうなると我が国の企業は強い。もとより製品や業務の品質を磨き、改善することに関しては世界のトップを行くのが我が国の産業の特徴だった。この強みを取り戻し、さらに強く発揮する時が来た。常に探索し、繰り返し、繰り返し、抜本的にアップデートする。これは永続するDXであり、DXのループである。この行動に磨きをかけていけば、他の追随を許さないスピードの進化をきっと実現することができよう。そんな皆様の成功と発展に、本書が少しなりともお役に立てればこれ以上の幸せはない。

＊1）KPMG 2021, CEO Outlook”（2021）
＊2）KPMG LLP, “Easing the pressure points: The state of intelligent automation”（2019）
＊3）IDC Japan, 〝世界の人工知能（AI：Artificial Intelligence）の支出額に関する調査結果〟（2020）

執筆者プロフィール

[はじめに、第1章 第1項、第2章 第2項、第2章 第3項、第3章 第2項、第4章 第2項、第4章 第3項、第5章 第1項、第5章 第2項]

塩野 拓(しおの たく)

Corporate Transformation Strategy Unit アソシエイトパートナー。日系SIer、日系コンサルティングファーム、外資系ソフトウェアベンダーのコンサルティング部門(グローバルチーム所属)等を経て2015年より現職。製造・流通 情報通信 公共業界を中心に多くのプロジェクト経験を有し、RPA/AIの大規模導入活用コンサルティング、営業/CS業務改革、IT統合/IT投資/ITコスト削減計画策定・実行支援、ITソリューション/ベンダー評価選定、新規業務対応(チェンジマネジメント)、PMO支援、DX支援(デジタル戦略・組織・人材設計と実行)などコンサルティング経験を有する。

[第2章 第1項、第2章 第4項]

皆川 隆(みながわ たかし)

Corporate Transformation Strategy Unit シニアマネジャー。外資系コンサルティングファーム、外資系ソフトウェアベンダーのコンサルティング部門、国内系コンサルティングファームなどを経て現職。業種業界を問わず、DXを中心とした構想策定からオペレーション変革やシステム開発までの多種多様なプロジェクト経験を有する。特に業務・テクノロジーの垣根を越えたコンサルティング経験を有する。

[第3章 第1項]

二村 悠(ふたむら ゆう)

Corporate Transformation Strategy Unit シニアマネジャー。日系SIer、監査法人系コンサルティングファームを経て現職。製薬・医療機器、情報通信、製造業界を中心に多くのプロジェクト経験を有し、新サービス立ち上げ、営業／ミドル・バックオフィス部門の業務改革やDX推進、内部統制支援などに従事。

[第4章 第3項]

近藤 真(こんどう まこと)

Corporate Transformation Strategy Unit シニアマネジャー。コンピューター周辺機器メーカーにて生産管理や海外工場の立ち上げ、グローバルサプライチェーン管理の構築などを経験。その後に外資ソフトウェアベンダー、コンサルティングファームなどを経て現職。業界問わずBPM(Business Process Management)手法による業務改革コンサルティング経験が豊富。近年ではBPMSを活用したインテリジェントオートメーションソリューションの開発、DXに関するプロジェクトをリードするとともに、DX銘柄取得企業へのDX戦略や施策への助言などに従事。

[第4章 第1項]

三谷原 啓(みたにはら けい)

Corporate Transformation Strategy Unit マネジャー。大手通信教育会社システム子会社にて顧客管理システム構築、DMマーケティング支援を担当後、社内BPR・人事制度改革を担当。その後、持株会社に出向後、グループ間接業務SSC化・グループ共通人事システム導入を担当。現職では、デジタル戦略策定、DX支援などのコンサルティングサービスに従事。

[あとがき・総合監修]

福島 豊亮(ふくしま とよすけ)

Corporate Transformation Strategy Unit パートナー。外資総合コンサルティングファーム、外資会計系コンサルティングファームを経て現職。25年以上にわたり主にサプライチェーン改革、コスト構造改革を中心にさまざまな業界のクライアントにサービスを提供。プロジェクトの企画、提案からデリバリーまで手広く手掛ける。近年ではIntelligent Automationの概念を各種寄稿、講演等で提唱。KPMGコンサルティングではDX推進支援関連コンサルティングサービスの責任者としてユニットをリードし、官民問わず幅広い業界のクライアントにサービスを展開。

KPMG コンサルティング株式会社

KPMGは、監査、税務、アドバイザリーサービスを提供するプロフェッショナルファームのグローバルネットワーク。世界145の国と地域のメンバーファームに約23万6000名の人員を擁し、サービスを提供。KPMGコンサルティングはKPMGのメンバーファームとして、ビジネストランスフォーメーション（事業変革）、テクノロジートランスフォーメーション、リスク&コンプライアンスの分野で企業を支援する総合コンサルティングファーム。

DXMO

デジタル化を推進する専門組織

2022年6月30日　第1刷発行

著　者　KPMG コンサルティング株式会社
編著者　福島 豊亮　塩野 拓
装　丁　小林祐司
発行者　三宮博信
発行所　朝日新聞出版
〒104-8011 東京都中央区築地 5-3-2
電話　03-5541-8832（編集）　03-5540-7793（販売）
印刷所　大日本印刷株式会社

・定価はカバーに表示してあります。
・本書掲載の文章・図版の無断複製・転載を禁じます。
・落丁・乱丁の場合は弊社業務部（☎ 03-5540-7800）へご連絡ください。
送料弊社負担にてお取り替えいたします。

ISBN 978-4-02-251829-3